世界中に愛される日本のおもてなし
～彩りある人生にする秘訣～

一般社団法人
大和撫子和乃会 代表理事
安達和子

みらいパブリッシング

はじめに

今の暮らしは好きですか？　自分自身の置かれている環境に幸せを感じますか？

「そんなことは考えたことがない」と思う人もいるでしょう。けれど、まずは今置かれている立場や環境を考えてみてください。

自分自身や環境を愛する気持ちがなかったら「相手を思う」気持ちは育ちません。また表面上はそつなく生活をしていても「こころ」が伝わらないと感動は生まれないのです。

人は他者と関わる中で人間関係を形成し、どのように振る舞えば良いのかを学びます。おもてなしの原点である自分の中に眠る「相手を思う心」を見つけ出すことで、人生に彩りが出てきます。

私は茨城で生まれ育ちました。茨城放送のレポーターを経て、地元FM放送局のラジオパーソナリティーを13年間務めて、多くの方々と笑顔で心を通わせて参りました。

2000年からはマナー講師として各種企業研修や各市町村観光大使の「おもてなし・マナ

ー研修」を行うことで、様々な方が悩みを抱えていることを知りました。笑顔になれない方、コミュニケーションをとることが苦手な方、日本の風習に馴染みのない方など、同じ日本人でも過ごしてきた環境や心のあり方で幸福感が大きく違うことを感じました。

本書では、私が実際に水戸大使として茨城のおもてなし事業に携わり、長年「おもてなし」の研究をしていく中で培ってきた「おもてなしの心」を、幸せに生きる方法の一つとしてお伝えしていきたいと思います。

「おもてなし」とは「相手を思う心」です。決して特別なことでも難しいものでもなく、誰もの心の中に眠っている簡単なものです。多くの日本人が本来持っている「おもてなしの心」を表現するだけで、日常生活に輝きが増します。

おもてなしの心には人生が豊かになるエッセンスがたくさん詰まっているのです。

そして「心からのおもてなし」の方法を心得ることで、人間関係も円滑になり、仕事の業績アップや地域の活性化にも繋がります。日本人同士のコミュニケーションは勿論、これからますます増えてくる外国の方の接客にも役立つことでしょう。

安達和子

世界中に愛される日本のおもてなし　～彩りある人生にする秘訣～　目次

はじめに……4

第一章　おもてなしとは

「おもてなし」の語源と文化……14
もてなしに大事な「しつらえ」……16
ワンポイントメモ……17
おもてなしの基本構造……19
私が母から学んだ「おもてなし」の原点……21

第二章　「日本人にしかできないおもてなし」が感動を呼ぶ

日本人のきめ細やかさと、インバウンドのおもてなし……26

日本の文化 びっくりポイント5……28
日本文化に息づいたおもてなしの色は「白」……32
いにしえの教えから継承されてきた「おしぼり」の文化……34
靴下に込められた日本の心……35
日本文化の集約「風呂敷」……38
ワンポイントメモ……39
「つまらないものですが」でわかる日本のおもてなし……41
日本から生まれた「もったいない」……43
振袖に秘められた心の振る舞い……45
「三歩下がって〜」は粋な日本のレディファーストだった……48
日本人が持っているやわらいだ心情、ただ一度の出会いを大切に……52
日本の四季を愛する……54
自国の文化に興味を持つこと……57
ワンポイントメモ……60

第三章　自分のルーツを愛すると日本が元気になる

良い環境づくりが愛を育む……64
人に関心を持つと自分の人生もしあわせに……67
ふるさとを愛する気持ち……70
地産地消のおもてなし―茨城の魅力……71
さり気ない心遣いと思いやり……81
お陰さまの気持ちもおもてなし……84

第四章　ビジネスに繋がる「おもてなし」

おもてなしは身近なところから……88
おもてなし力があると人をよい気分にする……89
あごの高さのおもてなし……91
人見知りや話しベタと悩まずに、しぐさを生かしておもてなし……93

社交辞令から始まるご縁、人脈は与えるもの……96
おもてなしはカタチでなく心を込める……98
プロフェッショナルとは？……103
おもてなしは黒子、人生はサービス精神……106
チームワークでおもてなし、自分自身も楽しむ……110

第五章

「おもてなし力」があると心が豊かになる

見返りを求めない「おもてなし力」……116
おもてなし力でモテる……117
おもてなしの心は愛され、声にも現れる……119
おもてなしから出会いが広がり、人生が好転する……121
おもてなしは夢を叶える力を育む……124
おもてなしは感性を磨き、心を豊かにする……127
心は見えないものだから……129
心づけとチップから学ぶおもてなし……130

彩りのある人生でおもてなし……132

第六章 キラリと光るワンランク上のおもてなしのために

基本と一般常識を身につける……136
挨拶が変われば人生が変わる……138
ワンポイントメモ……143
丁寧な言葉遣いでおもてなしを……144
身だしなみは歓迎のしるし……147
外見だけではなく中身が大事……149
笑顔に勝る化粧なし……152
心を美しく、出会いを大切にする……154
気遣いと心遣い……158
気遣いすぎずに楽しむこと……160
相手の気持ちを考える……162
サプライズをしよう……163

気持ちよく褒めよう……166
余裕を持った振る舞いと、しぐさで気持ちを伝える……170
鏡の法則……172
わくわく・どきどきしよう……174
主体となる強さを持ち、自分が主役の人生ドラマを描く……176
花のある生活で心の余裕を……179
そのひと手間、そしてふた手間が心に響く……180

おもてなし十ヵ条……185

むすびに……194

第一章

おもてなしとは

「おもてなし」の語源と文化

「おもてなし」は、「もてなす」の丁寧語と「表裏無し」が組み合わさった言葉です。「もてなす」とは文字通り「客をもてなす」ことで、お客さまを「モノを持って成し遂げる」という原義を持っている言葉です。

「表裏無しと」は、表裏のない感情（心）でという意味で、「表裏のない感情で、客をもてなす」というのが、おもてなしの原義的な意味です。

日本ならではの「気遣い」や「おもてなしの心」が生まれたのは江戸時代からだと言われています。２６５年の長い平和により、超人口過密都市となった江戸の町で、よい人間関係を保つには必然だったのです。

江戸の人たちは、縁日の雑踏の中で足を踏まれることも多かったようです。踏んだ人は、「これはとんだ粗相をいたしました」と謝り、踏まれた人も、踏まれるような所に足を出していた自分のうかつさを「いえいえ、こちらこそうっかりしました」と謝ったそうです。踏んだ方から先に謝るのは当然ですが、踏まれた方も一歩下がった控えめな態度をとり、お互いに謝ることでその場の雰囲気がギスギスしたものにならず、何事もなかったように収まりました。

この「うかつあやまり」のように、相手を気遣えるとその場が和む、という日本独特の心配りの精神が「おもてなし」となっていったのでしょう。

「おもてなし」はオリンピック誘致成功の代名詞にもなったことで、近年おもてなしに対する関心は高まりました。これまでは口に出す言葉というよりサービスとして実感するものだと思っていましたが、今では日本の様々なところで「おもてなし」という言葉を耳にします。

英会話講師の友人に「おもてなし」を英語では何かと尋ねると、「ホスピタリティかな？」と首をかしげていました。日本の「おもてなし」にぴったり該当する外国語は見つからないと聞いたときに、それは言葉がないのではなく、おもてなしの精神そのものが見当たらないのではないかと思いました。日本の「おもてなし」は、対価として接遇するサービスとは違い、さらにその上にある「相手を心から思うからこそ出てくる行い」です。そこにはお互いの信頼関係があるのです。

今、世界はグローバル化し、異文化同士の交流が増えています。日本人が自国の文化を礎にしたおもてなしをすることで、日本を訪れた人に「また会いたい」「また行きたい」と思ってもらえるようになるのです。

東日本大震災の際は、マナーを守る日本人の素晴らしさが世界で賞賛されました。震災に限らず、私たち日本人は災害などが起こると高い精神性を発揮します。

それは日本の文化・伝統により培われた、相手を思う気持ちや助け合いの思いがあるからでしょう。そのようなところからも、世界でも類をみない「おもてなし」の文化が生まれたのではないでしょうか。

もてなしに大事な「しつらえ」

「しつらえる」は、漢字で「設える」と書きますが、この言葉は平安時代からあり「室礼」という言葉に由来すると言われています。これは、季節の行事や儀式に合わせて家具や調度品と一緒に草花を配し、部屋全体の趣を整える「もてなしの心」のことをいいます。

「準備を整える」「空間を演出する」、それができたら心を整えて、いつでもお客様をお迎えできるようにしておく。そして、どのようにしたらお客様に喜んでいただけるかという意識を常に持ち続け、自分自身の技を磨いていくという心構えも含まれています。

このように深い意味が込められた言葉が日本語に多くあるのは、聖徳太子の「和をもって貴しとし　さからうことなきを宗とせよ」や、千利休の「和敬清寂」の教えを守り、古来から今に息づいてきた日本特有の考え方なのでしょう。

ワンポイントメモ

「和をもって貴しとし　さからうことなきを宗とせよ」（聖徳太子第十七条憲法第一条）
「和の精神をなによりも大切なものとし、いさかいをおこさぬように、周りの人と仲良くすることを心におきなさい」ということです。

和敬清寂

「和」心を開いて仲良くする
「敬」自己を慎み、相手を尊敬する
「清」目に見えるものだけではなく心の中も潔らかである
「寂」何事にも動じない心を持つ

この和敬清寂の一文字一文字は、茶道が華美に流れていくことを戒めた、千利休の思いが込められている言葉だと言われています。

また、千利休が始めた「侘び茶」というものがありますが、その際に使用される茶室や茶具は、質素で豪華さとは無縁です。はかないものを愛する心、それが日本人特有の心の美しさを形成していったのでしょう。

おもてなしの基本構造

モラル…………「道徳」「倫理」

モラルの意味は、「人生や社会に対する精神的態度」と定義されています。「いいことをして、悪いことをしない」ということです。

エチケット……「決まりごと」「約束事」

エチケットの語源は、フランス王朝時代、貴族が華やかだったころにご婦人に花を贈るために宮廷の庭の花を折る紳士があまりにも多く、困った庭師が「ここで花を摘まないように」と札（エ・チケット）を立てたことが始まりです。このエピソードからできた「決まりごと、約束ごと」がエチケットとなりました。

❀マナー………「相手への思いやり」「慣習やしきたり」

英語manners《マナーズ》行儀作法です。ラテン語で「手」を意味するマヌスからきています。マナーは相手に不快感を与えないための最低限のルールで、相手への思いやりを表した振る舞いです。

❀サービス………「奉仕する」「仕えること」

英語service《サービス》で「奉仕する・仕える」という意味で、語源はラテン語servitus《セルヴィタス》で意味は「奴隷」です。奴隷という語源のように、サービスを受ける側のお客様が主であり、お客様に接客しサービスを提供する側が従うのです。このように、サービスは主従関係が明確にされ、サービスに対しては対価が発生します。サービスは「いつでも、どこでも、誰にでも」すべての人を対象とした概念です。

❀ホスピタリティ………「対価、見返りを求めない」

サービスから一歩進んだものが「ホスピタリティ」です。Hospitality《ホスピタリティ》は「この時、この場、この人だけに」と個別におもてなしをすることです。

語源は、ラテン語のHospics《ホスピス》で客人等の保護です。ホスピスが変化した、ホスピタリティは「歓待」を意味し、それが英語のHospital《ホスピタル》（病院）、Hotel《ホテル》、Hospice《ホスピス》などの言葉に変化したと言われています。
お客様に思いやりの心を持って個別のサービスを提供するのが「ホスピタリティ」です。ビジネスにおいても、対価を求めない自発的な行為なのです。

おもてなし………「もてなす人の心」

おもてなしは基本的なマナーの上に成り立ちます。
日本の「おもてなし」の最大の魅力は「もてなす人の心」です。「もてなし」は「モノを持って」「成す」つまり、ものを持って成し遂げるということ。西洋の「ホスピタリティ」と日本の「おもてなし」の違いは、もてなす側の心のあり方、表現の仕方にあります。

私が母から学んだ「おもてなし」の原点

私の父は母の手料理が大好きでした。私が何を作っても「お母さんの味の方が美味しい」と言い、私の手料理を褒めてくれたことがありませんでした。それを悔しく思い結婚前は和食を作ることはありませんでしたが、今は亡き母の和食の味を、もっと教えてもらっていれば良かったと後悔しています。

父は職人で、余程の会合があるとき以外は外に出ず、「お母さんのご飯が一番だ」と毎日の晩酌を楽しみに働いていました。思春期のころは、たまには外に飲みにいってくれればいいのに、と思ったものです。

母は毎日、季節のものを出し、健康に気をつけ、彩りも考えながら、父の好きなものを必ず5〜6品揃えていました。そんな母に「毎日大変じゃない？」と聞いたことがありましたが、「お父さんが頑張って働いているのは私たちのためよ。だからお母さんも頑張らないとね」と、母は答えました。私も毎日一緒に美味しい食事ができたので良かったのですが、「女って大変」と思ったことを覚えています。

母が作ったものを美味しいと食べる父と、父のために心を込めて食事の支度をする母の、お互いを思い合う姿を思い返してみると、私がお伝えしている「おもてなし」の原点がそこにあることに気づきました。

このようなことは特別なことではなく、日々の生活から培われた相手を思う心で、我が家だけではなく、昔はどこの家庭にもあった家族の風景のはずなのです。

我が家は私が子どものころから、父の友人や親せきが母の手料理を楽しみに集まってきました。母は「こんな私の手料理でいいのかしら」と言いながらもお客様を楽しそうにもてなし、私はいつも笑いのある家庭で育つことができました。

そんな母は私を育てる中で「他人から可愛がられる女性になりなさい」と何度も言いました。そこには、「他人に言われたことを素直に受け止めること」「笑顔を絶やさぬこと」「礼儀正しいこと」「一般常識を身につけること」など、多くの意味が含まれていました。それが私の原点となり、今の私があるのだと思います。

私たちの振る舞いには、人それぞれの考え方や価値観・人生観があり、そこに心のあり方が表れます。先祖代々続いてきた風習やしきたりには良き教えがあり、その大切な「いにしえの教え」を現代の生活スタイルに活かしながら未来に伝承していくことで、国民全体の「おもてなしの心」も向上し、さらに円滑な人間関係が育まれていくと考えています。

第二章

「日本人にしかできないおもてなし」が感動を呼ぶ

日本人のきめ細やかさと、インバウンドのおもてなし

外国の方が日本に来たときに、「日本のおもてなし」にはびっくりするという話をよく聞きます。

飲食店などで無料で提供されるお水やおしぼり。高級店でなくともテキパキと働くスタッフ、スーパマーケットやコンビニでの丁寧なレジ対応など、日本人のきめ細かい気配りやサービスに外国の方たちは驚くのです。

私たち日本人にとっては、そのようなお店の対応や電車が時刻通りに来ることなども、特別なことではなく普段の生活の中で当たり前と思っていることばかりです。

2020年の東京オリンピック・パラリンピックに向け、国をあげて訪日外国人観光客数4000万人を目標としたインバウンド政策が進められていきます。オリンピック招致のプレ

ゼンで有名になった「お・も・て・な・し」は、今や世界中で認知されているでしょう。この「おもてなし」で「日本人にしかできない」ことをアピールすることが、日本にとって大きなチャンスになります。

外国の方々はある程度の情報を集めてから訪日されるでしょう。また、最近は日本の文化を学びたいという方も多くいらっしゃいます。例えば、茶道体験でお茶を点てることに興味のある方も、正座は苦手だけど体験してみたい。また女性だけではなく、男性も美しい着物を着てみたいとおっしゃる方など様々です。

私は、外国からのお客様に「折り紙」でおもてなしをすることがあります。折り紙は喜ばれ、お渡しすると「折ってみたい」「折ったものがほしい」「美しく素晴らしい」といった感想をいただきます。一枚の紙が、鶴や風船と色々な形になる様に心が魅かれるようです。これは手先の器用な日本人だからこそできるおもてなしではないでしょうか。日本独自の和文化も楽しんでいただき、「日本のおもてなし」で外国のお客様に心から喜んでもらえることをしたいですね。

お客様に心から喜んでいただくためには、より良いサービスを提供することはもちろん、旅行中のストレスや不安を減らすような「安心感」、日本の文化を学ぶことができる「体験」が必要だと思うのです。観光や買い物、飲食での充実感はもちろん重要ですが、利便性だけでなく、訪れた方の心に寄り添った楽しさや驚き、感動のプラスアルファが、日本のおもてなしの素晴らしさなのだと思います。

日本の文化びっくりポイント5

その壱　安全・安心な日本にびっくり

最近の日本は嫌なニュースも多いですが、それでも先進国である欧米諸国より、殺人や強盗などの暴力事件の発生率が著しく低いことは明らかです。

日本を訪れた外国の方から、こんな人通りの少ないところに自動販売機を置いて大丈夫なのかと尋ねられたことがあります。外国でそのようなところに置いておいたら自動販売機ごと盗まれて当然だというのです。日本では人通りが少ない場所にでも、ポツンと自販機が置いてあることは珍しくありません。でも日本にとっては治安が良いから自販機を置いておくのだという意識を特別に持っているわけではないでしょう。

財布や携帯電話を拾ったとしても、日本人はすぐに交番に届けます。海外では必ずしも届けられるわけではなく、盗まれたことで襲われてしまうこともあるのです。また、日本ではスマホや財布をテーブルに置いてその場を離れたりしますが、外国の方はそのような光景を目にしたときに驚くそうです。

このようなお互いに思いやりのある日本人の姿から治安の良さや安全安心を感じ、訪れた人々に感動を与えるのです。

その弐　綺麗な日本にびっくり

日本を訪れた外国の方は、「日本の街はゴミがなくて美しい」と口を揃えて言います。ゴミ箱がないのに、街のどこにもゴミが落ちていないことに驚くようです。東京がいつも綺麗なのは、実は大勢の清掃スタッフがいるからです。公衆トイレに入ってもいつも綺麗に掃除がしてあります。

また、日本では小学生から学校で「掃除の時間」があることを伝えると、それにも大変驚かれます。欧米では「掃除は下人の仕事」という捉え方をするようなのですが、日本では、良家の子女でも躾の一環としてトイレ掃除をします。学校でも生徒は自分たちの使う教室を教育の一環として掃除を行います。日本人が「綺麗好き」と評されることが多いのは、小さいころから毎日学校で掃除をしてきたことが背景にあるのです。

おもてなしをする上で、綺麗で清潔であることは欠かせない要素です。

その参　英語が話せなくても協力的な日本人にびっくり

私は英語が苦手で、話せたらもっと楽しいのだろうと思いますが、外国の方は母国語以外に英語を話すのに比べて、日本人はこんなにも英語が話せない人が多いのだなと感じます。

一方で、日本人は英語が話せなくても声をかけるととても協力的だという意見もよく聞きます。英語がわからなくても頑張って理解しようとする姿勢や、身振り手振りのしぐさで伝える姿に外国の方は感動するそうです。

その四　電車でもマナーがいい日本人にびっくり

日本の電車の中は、乗客が小声で話したり、携帯電話をマナーモードに設定したりしていて、静かで素晴らしいとのこと。

乗客全員が静かにしようという意識を持っているところが、日本と海外の違いだそうです。日本人は「静かにしなくてはいけない」と意識しているわけではないように思いますが、確かに電車の中で外国の方がいると、大きな声で話をしていることがありますね。

日本では子どものころから「他人様に迷惑をかけてはいけません」と言われて育つので、他人の視線や行動が気になるのでしょう。周りに迷惑をかけないようにと躾られた日本人にとって、公共の場で静かにするのは当たり前のことなのです。マナーが良い日本人は、躾と同じように日常の中からおもてなしの心を学び、自然にもてなす気持ちが生まれてくるのです。

✿その伍　日本の「トイレットペーパー」にびっくり

普段、何気なく使っているトイレットペーパーも、私たちは当たり前のように使用していますが、外国の方からすると日本のトイレットペーパーは「白い！」と驚くそうです。

欧州などでは白色度が50～60％台の商品が一般的だそうですが、日本では消費者が白い商品を好む傾向があるため、白色度が75％前後の製品が製造販売されています。それも綺麗好きの日本人の証なのでしょう。

日本文化に息づいたおもてなしの色は「白」

明治時代初頭に東北地方を旅行した英国人紀行家のイザベラ・バードは、秋田で出会った女性の美しさと色の白さに驚いたそうです。色白は美人の象徴で「色白は七難隠す」とも言われますが、この意味は「肌の色が白い女性は、顔やかたちに欠点があっても、その欠点がわかりにくく美しく見える」ということです。

前述したように「白色」は清潔や純粋でクリーンなイメージを与えるので好感度もあり、白の真っさらな状態は、始まりや出発といったスタートを印象づけます。

「白」で思い浮かべるものの一つに日本の花嫁衣裳の「白無垢」がありますが、白無垢は、清純無垢、つまり汚れのない純真な色のことで、元来「清らかな身と気持ちで式を迎え、嫁いだ先の色に染まる」という意味も込められていました。

無垢な白はどんな色にも染まることができますので、おもてなしをする相手の色に染まることもできるのです。相手の色に染まるというのは、良い考え方や行動、言葉遣いも相手に合わせることができ寛容な心で接することです。

まず自分の心を、真っ白にして相手のことを考え、相手のカラーも考えてみることで、相手の望むものが見えてきて、より良いおもてなしができるのです。

また、「日本の医療対応は素晴らしい」と言っていた中国からの留学生が、街中の半分は救急車だと思っていたという話もあるくらい日本には白い車が多いようです。綺麗好きで白が好きな日本人の好みを見事にビジネスに生かしたのが自動車産業でしょう。

白い車の利点は、暗いときにも目立ちやすく安全、汚れが目立ちにくい、下取りに出すと高く売れる、流行に左右されず、長く乗っても飽きない、仕事にもプライベートにも使える。などが挙げられますが、白を好むのは、「清潔感」という日本人が大事にしている価値観と、何色も混じっていない「白」のイメージが合致した、日本人ならではのことなのですね。

そんな「白」の印象からも、外国の方から「美しい国ニッポン」と感じてもらえるようになったのでしょう。

いにしえの教えから継承されてきた「おしぼり」の文化

日本のおもてなしのひとつに「おしぼりのサービス」があります。最近は紙のおしぼりも多くなってきましたが、飲食店に入ったときに温かいタオルのおしぼり（暑い夏は冷たいおしぼりに）を出してもらえると、ホッとできることがありますね。

このおしぼりは日本で昔から慣れ親しんできた文化ですが、外国にはないものなのでびっくりされるそうです。また、日本人はいろいろなところで手を拭くので、そんなに手が汚いのかと聞かれることもあります（笑）

おしぼりの歴史は平安時代、8世紀までさかのぼります。（「古事記」にもおしぼりに関する記述あり）当時は、公家が客人を家に招く際に濡れた布を提供していました。それが室町時代になると、木綿の手ぬぐいに変化して、旅籠《はたご》と呼ばれる宿の玄関には、旅人のために水を張った桶と手ぬぐいが用意されるようになりました。客人は手ぬぐいを桶の水に浸してしぼり、汚れた手や足をぬぐったのです。この際の「しぼる」という行為が「おしぼり」の語源になりました。そして、戦後復興で日本に飲食店が増えたことがきっかけで、おしぼりを貸すビジネスが誕生したそうです。

日本が生み出した「おしぼり」という伝統文化、そこには日本人の「おもてなしの精神」があるのです。お客さまは温かいおしぼりにホッとしたり、お店側としてもそんなお客様を見て嬉しい気持ちになります。ほんの少しのおもてなしにも、心が見えてくるのですね。

このように、日本人独特の相手を思う気持ちや、日本人らしいコミュニケーションの取り方が「おもてなしの心」として世界に伝えられていくのです。

靴下に込められた日本の心

世界各国には様々なマナーがありますが、海外からいらしたお客様が茶道の体験をしたいとおっしゃるので、茶道体験の前に「靴下」のマナーをお教えしたらびっくりされていました。

日本で足袋が普及したのは江戸時代（1603年〜）です。江戸時代では、旅人が旅籠に着くと、室内に上がる前にまず桶で足を洗うという習慣がありました。先ほど話しました「おしぼり」と重なりますが、昔は裸足にわらじという草履を履いて旅をしていましたので泥だらけの足だったのです。そのまま上がられたら旅籠は汚れてしまいますので、足を洗うことは絶対必要なことだったのです。

そして江戸時代に少しずつ足袋が普及し始めました。旅籠でない民家に伺ったときは家の人に桶を持ってこさせるわけにもいかないので、足袋をきれいなものに履き替える習慣ができたようです。

昔の日本では、同じ畳の上で寝起きをし、食事をしてお茶を点ててきました。このような文化から、訪問したときは靴下や新しい足袋を履き、汚れを室内に持ち込まないのが古くからのしきたりなのです。

昔の日本の一般庶民の家屋は畳敷きで、居間にも寝室にもなる便利な作りでしたので、清浄の象徴として室内で白い足袋を着用する習慣が生まれました。

茶道のときに、畳の稽古場や茶会等での履物は、着物であれば当然、足袋（必ず白のもの）、洋服の場合は、白い靴下を着用します。

それは、「白い靴下が足袋の代わり」これも一つの理由ですが、先ほどお話ししたように、外から履いてきたものを清潔なものに履き替え、心身ともに清潔にして茶室に入るためです。

私もお茶会のときなどで、洋服の友人に、「白い靴下をはいてきてね」と言いますと、自宅から履いて行った方がいいの？　と聞かれることがありますが、自宅から履いてくるのではなく、茶室に入る前に履き替えるのが正しいのです。足袋も同じことです。

道中のものを脱ぎ、清潔なものに履き替えてから茶室に入るのですが、今は便利な足袋カバーがあるので、道中は足袋カバーを履き、茶室前で脱いでいます。これは簡単で便利です。「本来は清潔な足袋に履き替える」ということを知っているのなら、足袋カバーでそれを代行してもいいと思っていますが、それでも、万一汚れたときのために替足袋は用意しています。


さまざまな宗教による生活習慣や食習慣など、それぞれの国の文化を知り、違いを理解することは大切です。違いを受け入れることも「おもてなし」なのです。

日本人としての誇りを持ち「おもてなしの国ニッポン」をアピールしていきましょう。

日本文化の集約「風呂敷」

海外からお客様がいらしたときに、簡単なパフォーマンスで風呂敷を使うことがあります。一枚の布で様々なものが包めるのでびっくりもされますし、とても喜ばれて実際に使いたいという方もいらっしゃるほどです。丸いボールやワインのボトルを持ちやすく包んだり、綺麗にラッピングのように飾ったりできるので魅力的です。

風呂敷は、平安時代のころは「平包」と呼ばれ、衣類などを持ち運ぶのに使われていました。平包の「包」という字は、母親のお腹の中に赤ちゃんがいることを意味しています。そこから、「大切なもの」「相手を敬う」といったことを表すようになりました。また風呂敷を結ぶの「結」は、何もない状態から新たに命が生まれることを指します。

江戸時代になって銭湯が広まり、このころから「風呂敷」と呼ばれるようになりました。お風呂に行くときに風呂道具や衣類を包んだり、衣類を着る際に床に敷いたりするため、「風呂で敷く」ものとして、「風呂敷」となったそうです。

また、風呂敷で包むのは持ち運びに便利だからだけではありません。ほこりなどで贈り物が汚れぬように、との相手への気遣いの表れです。綺麗な状態で渡してこそ、品物に込めた純粋な思いが伝わるのです。

風呂敷の使い方ひとつにも清浄を重んじ、ものを大切にする気持ちや、相手を思う心が込められています。風呂敷には、私たちの生活に溶け込んでいるおもてなしの文化が集約されています。

ワンポイントメモ

風呂敷には小さなものから大きなものまで、様々な大きさがあります。包むものの大きさや用途に合わせて使い分けることができるのも魅力ですし、物を運ぶのにも敷物一枚で大活躍というところに、日本人の知恵が集約されています。

最近、エコな生活に和ブームも広がり、風呂敷をお使いになる方も増えたようです。私も風

呂敷を一枚バックの中に入れておきますが、とても便利なものです。私が子どものころ、母はお中元やお歳暮、お土産などを必ず風呂敷で包んで持ち歩いていました。今では買い物をしたお店の袋に入れたまま持ち運びます。これは便利なのですが、お呼ばれでよそのお宅へお邪魔をするとき、私は必ずお店の袋から出して風呂敷に包んで持っていきます。

風呂敷で包んだ贈り物を持参したら、中の品物を取り出し、風呂敷は素早くたたんで左側、あるいは下座へ置きます。品物はまず自分に正面が見えるように置きます。そして、両手で90度ずつ、2回に分け時計回りに回転させて相手の方に向け、静かに差し出します。

また、お店で紙袋に入れていただいた場合も、風呂敷と同じように紙袋から出して相手にお渡しします。

手土産の渡し方ひとつにも贈り手の心が表れます。贈る相手のために悩んで選んだ品だからこそ、心を込めてお渡ししたいものですね。

「つまらないものですが」でわかる日本のおもてなし

日本には「謙遜の美徳」というものがあります。謙遜の美徳は一歩下がって相手を立てることで、自分の主張をあえて控えめにすることです。これは、日本の礼儀作法のひとつであり、仕事や人間関係でもある程度必要となる配慮です。「何もお構いしませんで」と同じように、お客様が手土産を渡すときに「つまらないものですが」という言葉を使います。

この、「つまらないもの」について質問をよく受けることがあります。
「人に贈り物をするさいに、『つまらないものですが』と言うのは間違いなのではないですか？」「わざわざつまらないものを贈るのですか？」ということです。

「つまらないもの」の部分だけをとらえますと疑問に思う方もいらっしゃると思います。誤解を受けるかもしれませんが、このつまらないものというのは、何の良い所もないくだらない物を贈るという意味ではないのです。大切なのは言葉に秘められた気持ちなのです。

「つまらないものですが、お口に合うとよろしいのですが…」「つまらないものですが、甘いものがお好きと伺ったものですから…」と、お客様がお土産を手渡すときなどに使う言葉です。

江戸しぐさでも「お江戸の方にはつまらないものですがどうぞ」と人に物を差し上げるときにへりくだって言う決まり言葉がありました。つまるは「得心が行く」「満足する」の意味で、この否定形として「満足はいかないものかもしれませんが、あなた様のためにお持ちしました」と使いました。また、お客様に食べ物を勧めるときにも、どんなに美味しいものでも、「何もございませんが、どうぞ」と言ったり、お客様が立派なお土産を渡すときにも、「つまらないものですが、どうぞ」と言ったりします。

本当に美味しいものを差し上げるのでしたら「美味しいものですから、どうぞ召し上がり下さい」と、高いお土産を差し上げるのでしたら「これは素晴らしいものですからどうぞ」と言った方がいいわけですが、このようなときに添える言葉は、日本特有の謙遜の表現で、相手を立ててへり下ることも日本人の美徳なのです。

日本から生まれた「もったいない」

環境分野で初のノーベル平和賞を受賞した、ケニア人女性のワンガリ・マータイさんが2005年の来日の際に、『日本語の「もったいない」を、世界をつなげるアイコトバ「MOTTAINAI」へ』と話しをしていたことが、今も印象に残っています。

「もったいない」は、Reduce《リデュース》（ゴミ削減）、Reuse《リユース》（再利用）、Recycle《リサイクル》（再資源化）という環境活動の3Rをたった一言で表せるというだけでなく、かけがえのない地球資源に対するRespect（尊敬の念）が込められている言葉だと言っていました。マータイさんはこの美しい日本語を、環境を守る世界共通語「MOTTAINAI」として広めることを提唱しています。

「もったいない」は、日本において昔から当たり前のように行ってきたことなのです。私も、この「もったいない」を「エコしぐさ」として伝えています。

江戸時代にも、「もったいないことはしないで大事にしましょう」という内容を縮めた「もったい大事」という言葉があったそうです。江戸の商人は少しでも節約して、いかに出費を少なくできるかが勝負だったようです。商売は、ほんの少しの利益を積み重ねていく必要がありますから、出費は可能な限り抑えないといけないと考えていたのです。もったいないことをしないで、全ての物を大事にして大切に扱っていかないといけなかったのですね。

昔は、布一枚を着物や浴衣として仕立て、古くなってきたら寝間着として使い、その後はおむつにも利用して、そのおむつは雑巾として使われたりと、あらゆるものに活用されていました。また、その布を燃やして灰になったら洗剤や肥料として使ったそうです。徹底的に物を大事にして「もったいない」の精神を生かしていたのです。

物余りの現代人である私たちにとっては耳の痛いことではありますが、ぜひ「もったいない」の気持ちを生活に取り入れていきたいですね。

また、物を大切にする「もったいない」の意味は、物の本来あるべき姿がなくなるのを惜しみ、嘆く気持ちを表しています。本来あるべき姿とは、すべては当たり前ではなく、何一つとっても有難いことであり、私たちは支えあって「生かされている」という真実が「もったいない」という言葉の根底にあるのです。「有難い」は、「有ることが難しい」という文字のように、その出会いや物を大切にしなくてはいけないということです。

こうして平和な日本で当たり前のように幸せに暮らせることへもすべて有り難いこととして、感謝の気持ちを持たないといけないのです。

日本から生まれた「もったいない」という言葉は、人と接するときに「おもてなしの心」として表さないともったいないものなのです。

振袖に秘められた心の振る舞い

日本の民族衣装である和服（着物・呉服）は、平安時代の庶民の間で着ていた小袖が、平安時代末期から中世にかけて上流階級にまで広がり、日本独自の発展を遂げたものだと言われています。実はこの着物には日本人の思いがたくさん詰まっているのです。

「なぜ振袖は未婚女性のもの？」と聞かれることがありますが、これには楽しい話があります。実は、振袖には恋のサインが隠されていました。女性から思いを伝えることなどできない時代

に、男性からの求愛に対して「好き」と伝えるときは袂を左右に、「嫌い」と伝えるときは袂を前後に振って意思表示をしたのです。

現在でも恋愛関係で「振る」「振られる」という言葉が使われるのはここに由来しています。そして、結婚した女性は袖を振る必要がなくなるため、振袖の袖を短く詰めて留袖として着用しました。着物一つでも人とのご縁を呼び寄せるのですね。

そして、振袖は女性が美しく振る舞うための技を磨くために作られているとも言われていいます。女の子は生まれてから、お嫁に行くまで袖が長い着物を着ています。産着も七五三も袖が長いのは、袖の袂を汚さないようにと所作を学ぶためなのです。

私も子どものころに日本舞踊のお稽古で、師匠に袂に気をつけなさいと仕込まれました。今は袖の短い着物を着ていますが、短くても気をつけなくてはいけない所作も沢山ありますし、着物は着ているだけで美しい所作が身につくのです。

また、着物を着ているだけで喜んでもらえるのも嬉しいことです。特に海外の方には「beautiful」と言ってもらえたり、一緒に写真を撮ってくださいとお願いされることもよくあります。ほんの一瞬のおもてなしではありますが、こちらも幸せな気持ちになります。

東京オリンピック・パラリンピックの開催を契機に、日本が誇る「匠の技」の魅力を国内外へ広めようと、世界196カ国にちなんだ着物を作るプロジェクトが進行しています。東京オリンピックの開会式で選手の先導役が自国をイメージした着物を着て歩くようです。想像するだけでわくわくしますね。

リオオリンピック閉会式で五輪旗の引継ぎをした小池東京都知事も着物姿でした。「日本の勝負服で」と小池知事は臨んだようです。また、「着物は、日本の最大のおもてなし。それ（おもてなし）を象徴するものだと思い、今日は着物姿で参りました」と話しをされていました。

着物は日本のおもてなしの心を表現するために、最も適した装いと言えるでしょう。

「三歩下がって〜」は粋な日本のレディファーストだった

西洋のマナーであるレディファーストは「男はいかなるときもか弱き者を守る」騎士道精神ですが、当時の中世ヨーロッパでは土地や財産、女性の奪い合いなどの憎しみや陰謀などが横行する時代でした。当然のように人を殺し、奪い去ることや暗殺を企てるものなど、様々な事件が起こっていました。そのため男性には常に危険が生じ、誰かに狙われていないかと確認しながらの生活が続いていたそうです。

そのような生活の中で生まれた言葉が「レディファースト」でした。実は、このレディファーストには、男性の身に忍び寄る危険を察知し回避するために女性を利用したという怖い話があるのです。

男性が自分を守るための手段で女性を利用する、女性を盾にするというところから「レディファースト」という言葉が生まれました。女性の命は顧みず、自分の命を守るという何とも自分本位の行動なのです。

例えば、暗殺を目論む者が部屋に侵入して主の帰りを待っている。ドアを開けて中に入ってきたところを一刺しして殺害してしまう。これを防ぐために、ドアを開けたら先に女性を中に入れ、もし一侵入者が居ても自分は助かるという考えなのです。

また、食べ物に毒物を混入させるという暗殺もありました。「どうぞ召し上がれ」と言って女性に先に食べさせ毒が入っていないかを確認するという、女性は毒見の役割を担っていたのです。

男性と歩いていて車道側からそっと内側にエスコートされると、大切にされていると感じますね。このレディファーストにもびっくりする話があります。

中世ヨーロッパの時代には下水道の環境がなく、糞尿《ふんにょう》はバケツにためて窓から捨てるという習慣があったそうですが、糞尿がかかりたくない男性は女性に壁側を歩かせて自分にはかからないようにしたそうです。なんとこれが歩道側を歩かせるレディファーストの理由なのです。

現代はこのような話はもちろんありません。外国の男性に女性優先の振る舞いをされると嬉しくなり、外国の方は優しいと感じます。日本の男性にも見習ってほしいと思いますが、実は日本男児にもレディファーストというものが昔からありました。


日本女性は、男性の後ろを「三歩下がって歩く」というのが望ましいという考えがあります。

これは共働きが当たり前になった現代と違い、「男性は家族のために働き、女性は家を守る」という生活のあり方から考えられたものだったようですが、「三歩下がって…」には、後ろから「男性を支える」「男性を立てる」という意味があり、奥ゆかしい日本女性のイメージがあります。

この言葉だけ聞くと、女性差別のようにも聞こえますが、実は「三歩下がって」には、素晴らしい日本男児の心があります。

「三歩下がって」に秘められた意味は、そもそも男性が女性を「守る」ということなのです。女性が三歩下がって歩き、何かあったときには「男が守る」「男が盾になって女性を逃がす」いうことなのです。日本男児はなんともカッコいいではありませんか！　日本の男性が女性を思い、大切にする気持ちが込められているのです。

そして、女性に表現される「奥ゆかしい」とは、品位があり、深い心遣いが見えてなんとなく惹かれるというもの。その奥にあるものに心を惹かれ、もっとその先を知りたい、というのが元々の意味です。

このようにおもてなしは、日本人が持つ独特で繊細な思いやりの心と、伝統文化が融合して創り出されたものです。控え目で、つつましく素直に相手の意見などを受け入れる姿が、外国の方にはネガティブに見えてしまうこともあるようですが、古くからの美徳ともされるものであり、相手や物を慈しむ心なのです。

日本人が持っているやわらいだ心情、ただ一度の出会いを大切に

古来から日本人が持つ心情的特性を表した言葉で、「大和魂」という言葉があります。この言葉を広辞苑で引いてみると、『日本人の持つ、やさしく、やわらいだ心情』と記されています。私たちの魂は心です。大和魂＝大和心《やまとごころ》は、心＝思いやりとなり、「自然と人が一体になりお互いを思って生きる心のこと」になるのです。私は、この日本の古称「大和」が示す通り争いを好まず、優しく和やかで、平穏な暮らしを志すのが本来の日本人の姿だと考えています。

最近の日本人に「大和魂」などと話しても響かないのは、何でもある贅沢な日々に暮らし、他人に対しての思いやりの気持ちが欠如してしまったからではないかと感じます。また、先祖代々伝わってきた風習や文化にも興味がないことにも、悲しくなることがあります。

平和な日本は、自国の文化に興味を示さなくなってしまったのでしょうか。平和だからこそ

自分の好きなことができるのです。そこでもう一度、日本人がもっている優しく和らいだ心情に気づき、自国の良さを知ってほしいのです。

日本の良さは私たち日本人より外国の方が興味を持っています。私自身も外国の方と関わることで、様々な気づきがあります。もちろん外国の方へもお伝えしたいことも沢山ありますが、まずは日本人が、良き文化や風習に気づき、先祖代々続いてきたものを後世に伝えていかなければならないと思うのです。

私たち日本人は、「一期一会」という言葉を大切に思っています。「一期一会」の精神とは、この人と会うのが自分の一生でただ一度だけだと思えば誰でも、真剣に向き合いたいと考えるというものです。これは「おもてなし」に欠かせない気持ちです。

元々は茶道の心得として千利休の弟子が説いた言葉で、「一期」とは、人が生まれてから死ぬまでの一生を意味する言葉で仏教語です。「一会」とは、一度の会合や集会などの人の集まりのことを指します。

そこで、茶道では例え幾度も会っている人とでも、その場その時の一度の茶の湯で出会う機会は一生に一回だけのものとして、主人も客人も誠意を尽くすべきだとしました。その教えから次第に茶道に限らず、生きているうちの出会いや様々な機会に心して臨みなさい、というものになったそうです。

また、江戸時代の商人は、一期一会の精神でお客さまに接することを誇りにしていたそうです。たった一度の出会いを大切にする。もう二度と出会うことがないかもしれない…その覚悟で接客をするからこそ、また会いたいと思ってもらえ、一生のお客さまになってくださると考えていました。

この「一期一会」の精神は、出会いではもちろんですが、他の経験や楽しい時間でも、その瞬間を逃したら戻ってこないものだから「常に今を生きる」ことを大切にすると教えています。いつも同じで、代り映えがしないと思ったときこそ、「出会いも仕事も同じものは二度とない」と、相手に対しての感謝の気持ちを思い出してほしいのです。

日本の四季を愛する

私は、四季がある日本に生まれたことに幸せを感じます。季節ごとに楽しめるというのは心のエッセンスになります。

桜の季節は、薄ピンクの花びらを眺めるだけで新しい気持ちになりワクワクします。雨の季節の梅雨には紫陽花の葉っぱにいるカタツムリを可愛いと思ったり、暑い夏にはギラギラした太陽に元気パワーをもらい、月が美しい夜に月のうさぎに話しかけたり、空が黄色に染まる銀杏並木を見て物思いにふけて歩いたり、初雪が手のひらにとけて寒さを味わったり。その季節ひとつひとつが愛おしく感じられます。

特別なエッセンスは、自分の心の中にあるのです。その心の中のエッセンスを普段の生活にちょっぴりプラスするだけで、最高のおもてなしに繋がります。

四季を繊細に感じ、季節の始まりで気持ちを新たにできるのは、日本人独特の感性であり心の表われだと思います。

例えば「春」、日本人は古来から桜を愛でてきました。平安時代の貴族たちは、桜を春の花の代表として愛で、歌を詠み、花見の宴を開いて楽しんでいました。

しかし、そのころのお花見とは、貴族たちなどの特権階級の伝統行事の意味合いが強く、現在のような花見ではなかったとされています。それまでは、お花見は五穀豊穣祈願のもので宗教行事の一部でした。

暴れん坊将軍でも有名な、八代将軍吉宗は「火事と喧嘩は江戸の華」と言うほど火事の絶えなかった江戸の環境整備事業のひとつにお花見という娯楽をつくりました。物騒な世相を打破するため環境をきれいに整え、お花見という娯楽によって江戸の民の憂さを晴らし、心を安定させようという狙いがあり庶民のお花見を始めたそうです。

私たちの生活にもお花見の文化は受け継がれ、春の行事の楽しみのひとつです。そして実はこのお花見に、おもてなしの始まりもあるのです。

慶長三年（1598年）の春、豊臣秀吉が行った一世一代の大イベントとされる「醍醐の花見」は有名です。この醍醐の花見は、それまで行われていたお花見とはまるで違い、桜を肴に酒を飲み、騒いで楽しんだと言われています。いわゆるドンチャン騒ぎですね。ここから現在のようなお花見スタイルになったとも言われています。

秀吉は花見に際して1300人余りをもてなすために、畿内から700本の桜を植え、三宝院の建物と庭園を造り、盛大なおもてなしの宴を開きました。このようにお花見をするにも、どのように振る舞えば皆が楽しめるのかと考えたのです。

私たちは秀吉のようにはいきませんが、四季を感じるもてなし方を考えることで心も豊かになると思うのです。

我々日本人は四季を大切にしているからこそ彩りある人生が歩めるのかもしれません。

自国の文化に興味を持つこと

日本に留学している学生と話すと、みんな自分の国のことを良く知っています。私もまだまだ勉強不足ですが、もっと自国のことを知りたいと思います。自分の生まれた国のことがわからないことが恥ずかしいと感じないということに驚きます。

例えば、総理大臣の名前をフルネームで言えない人や、日本の人口を知らない学生も多いのです。現在の人口を聞いてみると「1億…？？」という答えで自信なさげに答える方も多くいます。日本の人口は1億2千675万人（2017年7月1日現在）です。

東京オリンピック・パラリンピック開催に向けて、ますます日本を訪れる方が増えてきます。海外の方から質問された時に、基本的な説明ができるくらいには、自国の文化を知ることは大事なことだと思います。

日本の男子学生が留学生に「どこに行けば、花魁や芸者に会える？」と尋ねられたとき、その日本の男子学生は「花魁って誰？」と聞き返しました。そして「サムライもいないし花魁もいないよ！　きっと」と答えたのです。私が芸者や花魁のことを説明すると、日本の男子学生は、「学校では習わないし、女性じゃないので芸者や花魁に興味がない」と言っていました。

確かに身近なところに芸者さんも花魁もいませんが、多少は歴史や本、映画などで見聞きしているのではないかと思っていたので驚きました。

また、専門学校で講師をしていたときの話です。学生たちに日本の伝統行事を聞くと、クリスマス、バレンタイン、ハロウィンはすぐに出てきましたが、日本のことになると頭を抱えてヒントを出さないと答えに困るほどでした。

「女の子のお祝いの日は？」「星に関係する行事は？」と聞けば、それでやっと答えが「ひな祭り」「七夕」と出てくるのですが、「知ってるよ〜　小さいころはお雛様飾ったし、七夕の短冊に願いを書いたもの」と言いながらも、イベントとして楽しいものではないので興味がないと言っていました。

さらに「年中行事を一月から言ってみよう」と提案をして「一月の行事は？」と聞いたら、お正月しか出てこず、「七日目にある行事は？」とヒントを出したら、大きく手が上がった学生の答えは「初七日」でした。もちろん教室内は大爆笑でした。「では初七日を知っていますか？」と聞くと、「一年の始まりの日から七日目の日です」と答えました。確かに七日目だ、と思いながらも、その答えには大きな衝撃を受けました。

この学生たちのお蔭でこの話は講演会のネタになっていますが、このような答えを出す学生が親になったときのことを考えると心が痛みます。「初七日」という答えがほしかったわけではなく、一月七日の「七草」と答えてほしかったのです。学生たちに、七草には邪気を祓うために七草の入ったお粥を食べ、一年間の無病息災を祈ったのだと教えたら「お粥は嫌い」「お粥は病気のときの食べるものでーす」と、さらにがっかりしてしまうコメントでした。

物が豊かではなく娯楽も少なかった時代は、「普段は食べられないご馳走を味わうことができる晴れの日をとても心待ちにしていた」と、母は行事の度に話してくれました。通過儀礼や年中行事の背後には、家や地域、神様や先祖に対する思いが存在しています。しかし現代社会においては、信仰心も薄れ、地域や家の結びつきが薄くなりつつあり寂しいことです。

「晴れ舞台」「晴れ着」などの表現にも用いられている「晴れ」という言葉は、元来ある折り目、節目のことを指し、年中行事のほか、儀礼や祭りなどの非日常のことをいいます。

外国の方が日本の文化に興味を持ち、深く知るごとに「素晴らしい！」と感動して喜んでくださることが増えてきた今、日本人として通過儀礼や年中行事を理解した上でおもてなしをすることは、国際交流をさらに深めることに繋がると考えています。

ワンポイントメモ

芸者が出入りする店は「料亭」、芸者抜きの高級な料理屋を「割烹」といいます。

「芸者」
舞踊や音曲・鳴物で宴席に興を添え、客をもてなす女性のこと。酒席に侍って各種の芸を披露し、座の取持ちを行う女子のことであり、太夫遊びが下火となった江戸時代中期ごろから盛んになった職業の一つ。

「花魁」
吉原遊郭の遊女で、位の高い者のこと。18世紀中頃、吉原の禿や新造などの妹分が、姉女郎を「おいらん」と呼んだことから、上位の吉原遊女を指す言葉となった。

「初七日」

死亡後七日目の供養行事。死の忌みは七日ごとに明けていくものと考えられていたから、初七日は最初の重要な忌みの明ける日です。

「七草粥」

七草粥には、春の七草、つまり、せり・なずな・ごぎょう・はこべら・ほとけのざ・すずな・すずしろ（大根）を入れます。それぞれの草に、胃腸を整えたり、消化促進、風邪予防といった効能があると言われています。

「晴れの日」

晴れの日には特別な着物を着て、特別な食事を神様に供えました。神様の力が宿ったお供えを家族やご近所の人たちと感謝しながら分ちあい、味わうことは、日常生活を営むうちに失われていく気力を補い、回復させるという大切な意味があったそうです。

第三章

自分のルーツを愛すると日本が元気になる

良い環境づくりが愛を育む

私は学生時代に、親や先生や近所の人によく叱られ、注意を受けていました。意味もなく叱ったり注意をするわけではありません。正しい行いをしていないから叱られたり注意をされるということに、自然と気づかされていきました。

朝出かけに会った近所の人に目礼だけで済ませたら、「おはよう」と大きな声で言わないといけないと注意をされたり、学校の規則違反でもおしゃれがしたくてパーマをかけて叱られた思い出があります。怒られたことを親に伝えても、「あなたが悪かったのでしょう」の一言で終わってしまいました。

当時はお節介な人も多く、間違ったことをしていると注意をするのが当たり前だったように思います。それだけ他人に関わって生きていたのです。親も、先生や近所の人に文句を言うのではなく、躾として受け止め、地域ぐるみで子どもたちを育てていたように思います。

私は反抗期に様々なことをして、注意をする親に反発をしたり、なんで関係ない近所の人が自分の子どもでもないのに注意をするのかと思ったりしましたが、それを有り難いと感じるようになったのは、自分が親になってからでした。注意をしてもらえることは幸せなことだと気がつきました。

しかし現代では、注意をしたら注意をした方が悪く言われてしまいますし、逆恨みなどをされるという怖い時代になってしまいました。それは核家族化が進み、人との関わりが面倒だという思いがあるのかもしれません。現在の日本は安全安心の国ですが、その神話も崩れてしまいそうな事件や事故が起こってきています。そのことを、「自分には関係ない」ではなく、もし自分の身に起こったらどう対応するのだろうと考え、もっと周囲に関心を持ち、地域に根差した活動をしていかなければならないと思うのです。

家庭での躾も大事です。友人のお父様の新盆にお邪魔したときの話ですが、ご自宅に伺ってインターホンを鳴らしたら、「どうぞ」という聞き覚えのないハスキーな声がしました。親戚の方がいらしているのかしら？　と思っていたら玄関のドアが開き、「いらっしゃいませ、どうぞお上がりください」と、小学一年生と四年生の二人の可愛いお迎えを受けました。

姉妹二人でお留守番をしていたようで、「今、お母さんはお買い物に行っているので、すぐ戻りますからお線香を上げてください」と言って案内してくれました。その後も「どうぞお返してです」と、お線香を上げた私に返礼品を持ってきてくれました。ハスキーな声の持ち主は一年生の女の子。声も大人ですが対応も素晴らしく感動してしまいました。

母親である友人は、すぐ戻るとはいえ、お客様が来たときのことを伝えて出かけたのでしょう。このように言われたことができるのは、日々の生活の中での繰り返しの躾が振る舞いとなって表れているからだと思うのです。

家庭での躾や地域の見守りが、良い環境を創り人間関係を育むものだと考えています。住みやすい環境にするのには自分自身が人に関わっていくことも必要なのです。

日本は世界でトップクラスの「治安の良い国」として知られています。人は礼儀正しく、街も綺麗です。私は街を歩いていてＫＯＢＡＮを見かけると安心します。道がわからなくなって聞きに行くと、地図を広げて一緒に探してくれるお巡りさんの優しいおもてなしに嬉しくなります。地域を愛する思いがあるからです。その思いは人間関係を形成する上では欠かせないものです。

治安の良さは、おもてなしの国・日本が長年かけて作り上げてきたもので、私たちが豊かに暮らすために必要不可欠なものです。

また近年人びとの関心は、ハコモノ見学や目玉観光から自然・文化・歴史への探求に移行しつつあり、地域の人びとが主導する「ローカル・ホスピタリティー」に連携して参加することは地域の活性化に繋がり、日本本来の絆や結びつきが街づくりにおいて重要なテーマとなっています。

人に関心を持つと自分の人生もしあわせに

私は着物を着ていることが多いので、他人に興味を持ってもらえることが多いのかもしれません。着物でランチに出かけると、お店の方に「今日は何があるのですか？」と話しかけられたり、銀行の窓口で「着物お綺麗ですね」と声をかけられたり、着物でスーパーに行くと「今から仕事？　がんばって！」と言われたりします。

着物を着ているだけで興味を持ってもらえることは幸せですが、最近の日本では、人に関心を持つことや関わることを嫌う人が多くなったように感じます。「自分だけよければいい」「他人は関係ない」と他人への関心が全くない人もいます。「人に関心を持って！」と言うと、「それはストーカーになるのよ」と言われてビックリしたこともありました。時代の変化はわかっていますが、ちょっぴり寂しいと思ってしまいます。

子どものころ、母に「お醤油切れちゃったからお隣で借りてきて」と言われたことが何度もありましたし、近所のおばさんにも「お味噌切れちゃったから貸して」と言われたりする光景は当たり前でした。

それが今は「お醤油切れたからコンビニで買ってこよう」の時代です。そういう付き合いをしたくないというわけではなく、24時間開いているお店があるので借りる必要もなくなったのかもしれません。人間関係は、便利であることを求めることで、必然的に繋がりが薄れていくのかもしれません。

私がよく買い物に行くスーパーマーケットのレジのおばちゃんは、「こんにちは！　いつも、ありがとうございます」「お仕事終わりですか？　お疲れ様です」と声をかけてくれます。初めて声をかけられたときには少しびっくりしましたが、この声かけが、今では心地がいいものになりました。

大型店の進出で個人商店が少なくなり、私も個人商店より簡単に買い物ができるスーパーマーケットに行くことの方が多くなりましたが、お会計のときにこのように声をかけてくれるレジの方はほとんどいません。私はおばちゃんと会話がしたくて、レジが混んでいてもおばちゃんのレジに並んでしまいます。

この方は、フレンドリーに誰にでも声をかけるのですが、「声をかけてくるな！」というクレームが来たと悩んでいたときもありました。少し残念な時代です。人に関心を持つことは自分が地域で生活をする中で大切なことだと思います。

人に関わらなくても困らない世の中ですが、あえて人に関わって生きてほしいと思います。それは私自身が沢山の人に支えられて生きていることを実感しているからです。人との関係がなくては生きていけないとも思っています。様々な人に支えられることで多くの影響を受けてきました。

もちろん良い影響ばかりではなく、時には無駄なことも、悪い影響を受けることもありましたが、それも刺激となり生きる力となりました。人の支えを感じると自分自身が強くなり人に優しくできるのです。

人に関心を持たなければ思いやりの心も生まれません。人をもてなすことなどできないのです。良い刺激をもらうためにも、心地よい人間関係が必要です。人間関係を良くすることで自分の人生もさらに良くなるのです。

ふるさとを愛する気持ち

今は亡き地元の政治家、梶山静六先生は、戦争があと半年続いていたら19歳で戦死をしていたそうです。梶山静六先生が政治家になられたのは、「平和のために自分も何かやりたいと思ったから」とのこと。そして「愛郷無限《あいきょうむげん》」を政治信条に活動されていました。私も何度か梶山静六先生にお目にかかりましたが、いつも熱い心をお持ちの方でした。

「愛郷無限」は心にしみいる言葉です。「愛郷」とは愛郷心。郷土愛《きょうどあい》とは、住民自らが育った地域に対して愛着を持ち、忠誠を抱く思想や心情です。

「無限」とは限りないこと。「地元を愛する心は限りない」ということですね。この愛郷無限がふるさとを愛する気持ちになり、ふるさとを大切にする思いなのです。

今は平和な日本ですが、お国のために命をかけた沢山の人々がいたのです。当時は理屈など考えず国家の存亡の危機ですから「お国のため」と考えない人はいなかったのでしょう。戦後

71年が過ぎましたが、二度と戦争が起きてはいけないのです。「平和」だからこそ、相手を思う気持ちが生まれてくるのです。平和でなかったらおもてなしなどできないのです。平和な日本に感謝をしないといけないですね。

ふるさととは、自分が生まれ育った場所ですが、自分の生活の基盤ができた場所でもあります。例え生まれ育った場所ではなくても、人は心のふるさとを持つべきだと考えています。ふるさとへの愛があると、私たちは幸せを感じるのです。その良きふるさとへ、多くの人に来てほしいと願う気持ちが「おもてなし」なのです。

地産地消のおもてなし——茨城の魅力

私の住む茨城県は、五年連続「都道府県魅力度ランキングワースト1」を受賞しました。このような不名誉なことで目立ったにもかかわらず、県民は気にしていません。そんな魅力のないと言われている茨城県ですが、実はとても住みやすい県なのです。都内にも近く田舎過ぎず、気候も治安もいいのです。また、少しお節介なところはありますが人情に厚く、困っている人をみると助けたくなるのが茨城人です。

なぜ人気がない県と言われてしまうのでしょうか。それはPRや呼び込みが下手なのです。茨城は食の宝庫です。「常陸風土記」にも海山の幸に恵まれた理想郷と記されています。農業産出額も全国第2位で、常陸牛、ローズポーク、奥久慈しゃもとブランド肉や、水産ではアンコウ、はまぐり、めひかり、わかさぎと、美味しいものもたくさんあります。

PRが下手ですが、茨城気質の「来たかったら来たら、よかっぺよ」という、来るもの拒まずの精神もあるからかもしれませんが、いらしてくださった方へのおもてなしは「日本一」と言ってもいいと思います。

なぜなら、お客様を歓待するときは、家族と接するように、見返りを求めず対応するからです。相手を楽しませようと思いながら、実は自分も楽しむことを知っています。それは、「一《いっ》張《ちょう》一《いっ》弛《し》」の精神からきているのです。「一張一弛」とは、「文武に励み厳しい修練を積むだけではなく、時には気持ちも緩めて楽しむことも大切である」ということで、身近にできることを日々の生活に取り入れ、心豊かに過ごしています。そして茨城人は、何を言われても負けない強さを持っています。

✿ネモフィラに込められた思い

「茨城県ひたちなか市」と聞き、知っているという方は多くないと思いますが、ゴールデンウィークにニュースで各地の様子として報道される「ネモフィラ」、夏に開催される「ROCK IN JAPAN」の会場となる「国営ひたち海浜公園」であれば、ご存知の方も多くいらっしゃるのではないでしょうか。

日本一のネモフィラ畑「みはらしの丘」がある「国営ひたち海浜公園」は、「青の絶景」や「空と繋がる丘」として各メディアでも紹介された日本の絶景のひとつです。どこまでも続くネモフィラの光景、海の見える丘の上で青空につつまれて眺めるネモフィラ畑は本当に絶景です。夢のような景色に、感動せずにはいられません。

2017年に米国CNNが選んだ「日本の最も美しい場所」31選では第2位に、そして「死ぬまでに行きたい！　世界の絶景」にも選ばれている場所なのです。国営ひたち海浜公園ネモフィラハーモニーのブルーの世界は、一度目にすれば忘れられないほど心に焼きつき魅了されてしまいます。

可憐で美しいネモフィラですが、実は悲しい過去の物語があります。現在の国営ひたち海浜公園の地域は、1938年に水戸陸軍飛行学校、陸軍水戸飛行場（前渡飛行場）が建設され、第二次世界大戦後の1946年6月にはアメリカ軍水戸射爆撃場として利用されていました。その広大な跡地は1973年3月15日に日本政府に返還され「首都圏整備計画」の一環として整備されたのです。公園として開業するとき、戦争の暗い過去を払拭したいという思いがあり、そこで何かないだろうかと探したところ、北アメリカ原産の「ネモフィラ」との出会いがありました。

「アメリカの青い花を咲かせたい」と、友好の意味を込めて「ネモフィラ」の苗を植えたのです。

みはらしの丘一面が青く染まる光景は、日本とアメリカの友好の証。ネモフィラは北アメリカ原産の一年草で、和名を瑠璃唐草《るりからくさ》といいます。可憐に咲くその様から英語で「Baby blue eyes（赤ちゃんの青い瞳）」と呼ばれることにも納得します。

ネモフィラの花言葉には「可憐」「清々しい心」「どこでも成功」「あなたを許す」などがあります。そして、「空の青」と「海の青」と「大地の青」が溶け合う素晴らしい光景は、お客様をおもてなしするのに最高の景色であり、「友好」の意味が込められた壮大なおもてなしプロジェクトなのです。

✿ファンが愛するローカル鉄道

全国的に地方鉄道が経営難にあえぐ中、前代未聞とも言える「延伸」に踏み切ろうとしているローカル鉄道があります。茨城県ひたちなか市を走る第三セクター路線、「ひたちなか海浜鉄道湊線」です。昔の阿字ヶ浦は「東洋のナポリ」と呼ばれるほど砂浜が広く美しい海で、1984年には海水浴場入場者数日本一になるほど賑わいがありました。

その美しい海も、常陸那珂港の開発で砂浜は半分以下になり海水浴客も減ってしまい、廃線の危機にありましたが、11年前の2008年4月、廃線の方針を表明していた運営会社茨城交通から、第三セクターにより路線を引き継ぐ形で開業しました。

ひたちなか市の手厚い支援や住民主導の存続運動に支えられ、2014年には52年ぶりの新駅「高田の鉄橋」駅が誕生し、昨年度は10年ぶりに年間乗車人員80万人台を回復しました。廃線が決まっていた鉄道に、存続を願う住民の鉄道を愛する熱い思いがあり、新駅が誕生して夢が叶ったのです。

鉄道で地域活性をしたい。その思いは、ビール列車や婚活列車の開催、通常の運行列車に貸し切りの車両を付け約1時間半で往復する特別車両の運行や、「三鉄ものがたり」という活動になっています。「三鉄」とは、ひたちなか海浜「鉄」道、「鉄」道模型、那珂湊やきそばや海鮮焼の「鉄」板の三鉄で、街の活性化を進めようとするものです。三鉄の「鉄板」の那珂湊焼きそばや海鮮焼は、鉄道ファンはもちろんですが、那珂湊にいらしてくださった方へのおもてなし食として、皆が楽しめる街づくりを進めています。

ファンが街を盛り上げる「ガールズ&パンツァー」

「ガルパン」の愛称で親しまれている「ガールズ&パンツァー」は、女性のたしなみとして戦車を使った架空の武道「戦車道」を学ぶ大洗女子学園を描いたアニメですが、その舞台となるのが、茨城県水戸市を離れて東へ三里「波の花散る大洗」です。太平洋に面した大洗町に全国からファンが殺到し、アニメによる町興しの成功事例として国内外から注目されるほどの現象を巻き起こしています。

このアニメには実在の商店や旅館が登場するので、ファンにとっては大洗を散策するのも楽しみになっているようです。町の商店や旅館が一体となって「ガルパン」を盛り上げているのも、大洗町が成功している要因です。取り組みが実り2013年に開催した「大洗あんこう祭」には約10万人もの来場客が集まりました。

このガルパン効果で、大洗町にいらしてくださる観光客の延べ人数は、2016年の調査では県都水戸市を80万人上回り、454万5千人で堂々の第一位となりました。

町興しに取り組んだ熱意がファンの間にも伝わり、アニメ放送開始の2012年の冬から現在に至るまで様々なイベントを開催しています。何度でも「聖地・大洗」に足を運んでもらえるようにアイデアを出し続け、訪れる人を楽しませるおもてなしの心があるのです。

衆《たみ》と楽しむ偕楽園

「この紋どころが目にはいらぬか！」と、印籠を出す「水戸黄門」のシーンは有名ですね。江戸時代、水戸藩二代目藩主の水戸光圀が、越後のちりめん問屋に扮して諸国を漫遊しながら世直しをするという時代劇で１９６９年8月より放送が開始されました。水戸黄門は、テレビ界まれにみる長寿番組になり多くの人に親しまれまれ、多くの方に「水戸」を印象づけたと思います。

天保13年（１８４２年）7月、水戸藩第九代藩主徳川斉昭公により造られ「衆と偕《とも》に楽しむ場」として開設された偕楽園は、気品ある梅の花と香り、そして古木や竹林を楽しみながら、江戸時代から続く日本の美しい名庭をのんびりと歩く贅沢なひとときです。

水戸の偕楽園は、金沢の兼六園、岡山の後楽園とともに日本三名園の一つです。偕楽園には約１００種３０００本の梅が植えられ、かぐわしい早春の訪れを告げてくれます。

二月下旬から三月にかけての「水戸の梅まつり」を皮切りに、桜、つつじ、秋には萩、初冬には二季咲桜と、花々が季節を届けてくれます。私はこの美しい庭はお客様をお迎えするのに大切な場所で、もう一つの屋根がない客室だと思います。

衆と楽しむ偕楽園は、梅の花を愛した斉昭公の思いが詰まっています。すべての花に先がけて咲く梅の花を咲かせるため、自ら設計した公園「偕楽園」に梅の木を植えました。これは斉昭公が花の色や香りを楽しむためだけではなく、梅の実を戦が起こったときのための非常食にしようと考えていたのです。そしてその梅干を手軽に食べることができる「おにぎり」にと考えたのですね。

戦いに勝つためには、力が出る梅干し入りのおにぎりだと一日三食、毎回三つのおにぎりを支給すると仮定して、戦が始まったときに必要になる梅干しの数まで計算までしたそうです。

このようなことから考えても、もてなしとは決して特別なものではないのです。斉昭公の民衆を思う気持ちの表れではないでしょうか？　相手がいるからこそおもてなしはできるのです。

水戸黄門の地産地消の実践術

水戸黄門さまは、平均寿命が50歳という時代に、なんと73歳という長寿を全うされました。

そんな徳川光圀公の長寿の源は「医食同源」の思想に基づいた食に秘密があると言われています。それは漢方を食事に取り入れ、一汁三菜を基本として、その季節の旬の野菜をよく食べていたそうです。

また若いころから、自らうどんも打ったという記述も残されているほど、食に対する関心の高さがわかります。

食材は産地にこだわり「地産地消」を実践していました。

「地産地消」とは、「地元で生産されたものを地元で消費する」ことを言います。江戸時代は交通網が発達していなかったので、地産地消が人々の暮らしの基本でした。当時の徳川光圀公の食文化の様子を記載した文献を、故大塚屋子之吉氏が長い時間をかけて解読し、調理方法の研究を重ねて現代人の味覚に合うように復元した料理が、水戸に「黄門料理」として残っています。

日本全国でぜひ、訪れる方に地産地消の美味しい食材のおもてなしをしましょう。地元の人たちが誇る日本の素晴らしいふるさとを、外国の方にだけではなく同じ日本人同士も、それぞれの地域性を出して「おもてなし」をすることが、地域の活性化や日本を元気にすることに繋がっていくと思うのです

さり気ない心遣いと思いやり

岡山の備中松山城に路線バスで行ったときの話です。降りるところでブザーを押すと、「着物の方、もしかしたら備中松山城に行かれるのでしょうか?」とマイクで私に話しかける運転手さんの声がしました。「はい」と答えたら、「悪いことは申しません。このままバスで駅に行きましょう」とおっしゃいました。

その日は雨でした。備中松山城はバスを降りてから坂道を10分歩き、シャトルバスに乗ってふいご峠まで行き、ふいご峠からは徒歩で約20分程の距離だから、着物で登るなんて無理だということでした。ポジティブな私は、「ここまで来ましたし、折角ですからチャレンジします」とバスを降りてシャトルバス発着場所を目指しましたが、10分どころではなくおよそ倍の時間がかかり、やはり無理かもしれないと少し弱気になりながらも、どうにかシャトルバス発着場所に到着することができました。

そこでも「着物じゃ無理だね」「草履で行くの?」と言われましたが、気持ちは変わらず、

「行ってきます」と元気よく言って出発。傘を持つ手と着物の裾を抑える手が必要なので、入口にあった山登り用の杖も持たずに登り始めると、降りてくる方には「あらぁ～着物で大丈夫？」と心配されたり、「杖持ってないの？　私はもう使わないから持っていきなさい」と、必要ないと思った杖を持たされたり（笑）、すれ違う方の優しさを感じました。

30分ぐらいかけて無事に登りきり、山城の景色を楽しみ、降りるときには登ってくる方に「着物でも登れるのだから大丈夫」と、登ることに疲れた方へ勇気を差し上げてきたように思います。

その後、元気よく行ったはずの私が中々戻らないことを心配されたのでしょうか。シャトルバス案内所の方が心配そうにふいご峠まで迎えに来てくれました。戻ったときの着物はさぞ汚れてしまったかとも思いましたが、ひっぱね一つなく、足袋も思ったほど汚れずに、草履が土で汚れたくらいでした。その汚れた草履を、案内所の方たちが「これで拭きなさいと」ティッシュなどを出しくれたことも忘れられない思い出です。着物を着ている私への心配りにとても嬉しくなりました。このような旅先で、さり気ない心配りのおもてなしは一生の思い出になるものです。

普段、私の交通手段は主に車で、路線バスに乗るという機会はあまりありませんが、旅先では地元の人たちが足とされているバスや電車に乗ることも楽しみのひとつです。そこで人とのふれあいや、おもてなしに出会うことがあるからです。

京都のへ行ったときのエピソードですが、下賀茂神社に行くときに乗ったバスで、途中のバス停に着いたときに運転手さんから「しばらく停車します」というアナンスがありました。「どういうこと？　何があったの？」と思っていたら、「申し訳ないのですが車椅子席の方はお立ちいただけますか」と、乗車口に車椅子を押した運転手さんが現れました。すぐに車椅子席にいた方は立たれて、車椅子の方はスムーズに乗車することができました。それはとてもあたたかい光景で、このように思い合える京都の人は素晴らしいと感じました。

しかし次の日、同じように車椅子の方の乗車を見た際は、残念なことに前日とはまるで反対でした。

停留所に停まって乗車口が開いたところで、「車椅子が乗るのだから退け！」という車椅子の方の怒りの声。乗車を手伝おうとした人に対しても「触るな！」と言う始末。親切心で手を出した人への心ない言葉に、乗車していた人たちもびっくりしていて、関わらないようにと避ける人もいました。私もそのバスに乗車していたのですが、その車椅子の方が乗車する前と後では、明らかにバスの中の空気が違っていました。

出会いは一期一会と言われます。このように心ない人の一言でがっかりしてしまう一日になるのは、もったいない話です。バスや電車は毎日利用するものですし、お互いに気持ちよく過ごしたいですよね。

身体の不自由な方や小さなお子さんを大切にするのは当たり前のことですが、してもらって当然とも思ってはいけないのです。お互いに感謝の心を持つことで、皆が気持ちよく過ごせるのではないかと思います。おもてなしは相手を思う心、「思いやり」です。

お陰さまの気持ちもおもてなし

自然の成す力に感謝の気持ちを表すと共に、お陰さまで日々生活できることを有り難く思います。

「お陰さま」という言葉は、あらゆる物事が形になるために、私たちの目に見えない陰の動き、すなわち神仏の加護があったことに対する感謝の言葉です。また、仕事の成功や、身体の無事を祈ってくれている人たちへの感謝の言葉でもあるのです。

「お陰さま」は「おもてなし」と同じで「相手を思う心」です。私たちは当たり前のように生活をしていますが、美味しいものを食べることができること、水や電気のある便利な生活ができること、そしてこうして生きていられることはすべて「お陰さま」なのです。

例えば、転んでしまった人に手を差し伸べることや、困っている人がいたら助けてあげるということは、当たり前で簡単なことです。このような行為はお互いに思い合えるお陰さまと思う気持ちです。

日々の感謝、お陰さまの気持ちを持ち、おもてなしをしてみてください。必ず自分にも返ってきます。

第四章

ビジネスに繋がる「おもてなし」

おもてなしは身近なところから

どのように「おもてなし」をしたら、仕事場で社外の方とも信頼関係が築けるかと考えたとき、身近にいる家族や友人同僚、そして上司との信頼を築くことがまず重要だと思います。外に目を向ける前に、中からの信頼関係が成り立っていないと、どんなに素晴らしいおもてなしをしたとしても認められないのです。

仕事をしていて、こんなにもスムーズに進むのは自分に能力があるからと勘違いしていませんか？　仕事も家族や友人関係と同じように、支え合いやチームワークが大切です。

例えば家族に囲まれて支えられている幸せな日常も、当たり前すぎて素直になれず感謝の言葉が伝えられなかったり、仕事でのミスを先輩にカバーしてもらったのにお礼が言えないということがあるかもしれませんが、身近な存在を大切にしてこそ、外の人たちも大切にできると思います。相手を思うおもてなしの精神で気を配れば、お互いに気持ち良くスムーズに仕事ができるでしょう。

おもてなし力があると人をよい気分にする

日常の生活の中で、「元気ないけど、どうしたの?」と気遣ってもらえた瞬間や、「髪型変えた?」と些細な変化に気づいてもらえたとき、重い荷物を持っていることに気がついて持ってくれるような優しさは、嬉しく思うものです。

また、多用な日々の中で何気なく交わした小さな約束でも、ちゃんと覚えていてくれる人に信頼を寄せます。「些細なことまで気にかけてくれている」「大事にされている」と感じると、人はその人にまた会いたいと思うものです。

「そのお洋服お似合いですね」「いつも笑顔でいいね」と褒めてもらったことで、褒めてくれた人から好かれていると感じたことはありませんか?

何度かやりとりをしていくうちに好意は段々と伝わり、相手も何かお返ししたいという気持ちになります。この気持ちが生まれると、「感じがいい人」「印象がいい人」「また会いたい人」と思うようになり、ご縁が繋がっていくのです。「また会いたい」と思う相手に、同じようにと思ってもらえたら嬉しいですね。

では、どうすれば「また会いたい」と思ってもらえるのでしょうか。

それは相手に興味を持ってもらえるように努力をすることです。努力と言っても大変なことではなく、話をしている相手の目をきちんと見ることや、笑顔で話をするという、ごく当たり前のことが大切です。

そして「聞き上手」も大事なポイントです。話を盛り上げる中で、自分から話のネタを提供することは大事なことですが、もっと大切なことは「聞く」ことです。

人には自分の話を聞いてほしいという根本的な欲求があります。日常で起きた些細な出来事や、悩み事、もしかしたら自慢話もあるかもしれません。それを聞いてくれる人がいると、気持ちが軽くなるのです。「話を聞いてくれる」と思える人にはどんどん話をしたくなります。「あなたの話に興味があります」という姿勢で聞くと相手にも伝わります。

話を聞くという姿勢はおもてなしの基本であり、「あなたを受け入れます」という気持ちの表れとなり、より良い人間関係の基となるものです。

お客様をお迎えするときに、様々なものを準備して待つことは手間がかかりますがワクワクもします。そしてそれは、おもてなしをする側の喜びに変わります。喜びを持っておもてなしすると、必ずお客様に伝わり感謝をされるのです。

大切な人への何気ない一言や、真心の込もったおもてなしができるようになればご縁が広がり、ビジネスや人間関係を成功に導いていくことでしょう。

あごの高さのおもてなし

無意識にあごの角度が上がっていませんか？

あごの角度だけで、実はかなり印象が変わります。初対面で印象が悪いと思う人を見かけると、必ずあごが上がっていたり下げ過ぎていたりします。

あごはほんの少し上げると明るい印象となりますが、上げすぎると横柄な印象を与えてしまいます。

自分のあごの角度を意識してみてください。「自信がない」ときはあごが下がっています。良いことがあるとその嬉しさから、あごの角度も目線も自然と上向きになります。

おもてなしをする際に、明るく堂々として見えるあごの位置を意識すれば、より印象に残り、人の心をつかむことができるのです。

相手に横柄な印象を与えてしまうあご角度はプラス20度です。上げ過ぎのプラス20度は目線も上からになるので、「軽蔑している」「横柄」に見えます。少し下げてプラス10度は「自信がある印象」「余裕」にも見えます。通常の真っすぐな位置は「誠実」に見えて「信頼」を与えます。

あごを下げてマイナス10度で「控えめ」「遠慮」に見え、マイナス20度になると「疑い」「卑屈」に見えてしまいます。

お客様に接するときは笑顔で、ほんの少しあごを上げると明るい印象を与えます。

営業で話を聞いていただくときには首をまっすぐに、あごの角度は通常の位置で、視線も真っすぐ相手を見ます。話の内容によってはあごを少し上げて自信を見せたり、少し引いて控えめに見せたりと、意識して使うことで信頼が高まり仕事が良い方向に進みます。

クレーム対応などでは相手が話しやすい状況を作り出すことが大切なので、あごを少し引き「あなたの話を受け止めます」という姿勢を示しましょう。

毅然とした対応が必要なときはあごを少し上げて対応すると効果的です。

人見知りや話しベタと悩まずに、しぐさを生かしておもてなし

「私は人見知りです」と言うと「うそ〜」と笑われます。子どものころから家の中では威勢はいいのですが、外へ出るとからっきし意気地がない「内弁慶」で、知らない人に会うと恥ずかしくなり親の陰に隠れていました。そんな内気な小学生のころ、いつもニコニコして元気な友達が羨ましく、私もニコニコと元気に振る舞うように真似をしてみると、自然と友達が増えていきました。

学生時代は、「人前で話すなんて無理」と、前に出ただけでも真っ赤になってしまう赤面症

でした。今でこそ人前で話をする仕事についているため社交的だと思われがちですが、少しお付き合いいただいた方には、「本当は人見知りなのですね」と気づかれます。

元来の人見知りは大人になっても中々克服が難しいようですが、私はこのままではいけないと思い、笑顔で人に話しかけたりしているうちに「社交的な人」という印象に変わることができました。

それでも、やはり初めての場所や初めての人に会うとき、人前で話すときには、握りこぶしを作り自分に「がんばる」とエールを送って臨んでいます。そんな様子を見て「意外ですね」と言われることが多いのですが、私の人見知りは決してマイナスなものではありません。中々人の輪に入れないときは、そこにいる人たちの人間観察をしていますし、会合などで壁の花になってしまったときもサービス係の人の動きをよく見ています。

そのようなところから「しぐさの研究」が始まり、手の動きや視線一つで何をしてほしいのかを考えるようになり、何が欲しいのかがわかるようになりました。それはおもてなしをしていく上でとても大切で必要なことだったと思うのです。

「人見知り」は上手く人間関係が築けないというマイナスのイメージがありますが、実は人見知りの方というのは「人間観察力」には長けているのです。口下手な人が実は相手の話をよく聞いているように、人見知りの人はよく人を見ているのです。観察力があるということは、人が何を望んでいるのかがわかるということです。

働く人たちの多くが、「コミュニケーションをとるために言葉にして伝える必要がある」と思いがちですが、多弁であるのとコミュニケーション能力が高いとは別の話です。

自分は話が上手いと思っている人は、いつも会話の中心にいたくていつの間にか他の人の話を取ってしまったり、一方的にしゃべって相手を疲れさせたりすることがあります。逆に、話ベタな人が何気ない話を口に出したことが、相手の印象に残ったりすることがあります。

話ベタでコミュニケーションをとることが苦手という方にも簡単な方法は、しぐさをつけることです。同じ言葉でも、しぐさが伴うときと伴わないときでは、印象はかなり変わります。

例えば「ありがとうございます」という言葉ですが、立ったまま口だけの「ありがとう」と、頭を下げながら言われた「ありがとう」では、受ける印象は違いますね。

しぐさを伴うことで、言葉、そして感情が相手により伝わるからです。歓待の気持ちは、笑顔で手を広げることでおもてなしの気持ちがより伝わります。

しぐさは気持ちを伝えるのに簡単で最高の手段なのです。しぐさを取り入れることで話の内容がきちんと相手に伝わるようになります。話ベタだと悩まずにぜひ取り入れてみてください。最高のおもてなしができるようになりますよ。

社交辞令から始まるご縁、人脈は与えるもの

仕事で知り合った方から「会いたいですね」とメッセージをもらったことはありませんか？そのほとんどは社交辞令で、実際には会えないことの方が多いですね。

人と会う秘訣は、そこから一歩踏み込んで「いつ会えますか？」と自分からお誘いしてみることです。このおもてなしをしたいという気持ちを表す一言がご縁を作ります。もし本当に相手も会いたいと思っているなら、良い返事をくれるはずです。スケジュールが合わない場合でも調整してくれるでしょう。

ただし、「その日は予定あります」などと断られたり返事がない場合は、残念ですが社交辞令だったと思ってあきらめることも、おもてなしの心得です。

そして、人から何かをもらうことばかり考えていたのでは人脈は作れません。自分のことだけ考えて、人脈を増やそうとする人には誰も協力はしないものです。


私の友人に、多くの人脈を持っている人がいます。彼女を見ていて、ある素晴らしい特徴があることに気づきました。それは「人と人をつなげること」でした。

「私、○○さんを知っているから、紹介してあげるわね」と、びっくりするほど自分の人脈をどんどん他の人に紹介しているのです。彼女の「何かしてあげたい」というおもてなしの気持ちが人と人をつなぎ、紹介された人も、またこの友人に新しい出会いをつなぎ、どんどん人脈が広がっていくのです。

「人に何かしてあげたい」、それがおもてなしの基本で人の繋がりを深いものにしていくのです。

おもてなしはカタチでなく心を込める

電話対応

電話を受けるときの第一声は大切です。電話に出た人の声や話し方を聞いた瞬間に、その家や会社の印象が決まることもあります。

相手には見えない電話ですが、電話に出るときは明るく生き生きとした優しい声で、「電話をいただきありがとうございます」と感謝と歓迎の心持ちを表現しましょう。

見えないのに？　と思うかもしれませんが、見えないからこそ相手に伝わるのです。油断してしまいがちですが、電話のように見えないものこそ笑顔が基本です。

人は笑顔になると声も「笑顔」になります。それを「笑声《えごえ》」と表現しますが、「あはは」と笑うのではなく口角を上げて、目もニコッとして話すと笑顔の声が相手に伝わります。笑顔の声は、不愛想な声や平坦な声で話されるよりはるかに良い印象を与えます。

電話が鳴り「電話を取る」そして「社名を名乗る」と、流れ作業のように電話を受けてしまわないようにしましょう。このときの第一声は、会社やお店の顔としての、おもてなしの始まりなのです。

挨拶の声

お店に入り、気持ちがこもっていない「いらっしゃいませ～」というカタチばかりの挨拶にがっかりしたことはありませんか？　また、病院の窓口や薬局で「お大事にしてください」と言われた一言が業務的だと思ったことはありませんか？

ある研修で出会った社長が、「うちのおもてなしは最高だ」と豪語していたので楽しみに伺いました。おもてなしを自慢する会社とあって、社員教育は「笑顔」と「ありがとう」を徹底されているようでしたが、数時間いると「ありがとうございます」の声が、残念なことにどうでもいいような「ありがとうございます」に聞こえてきました。接客してくれた方に、「随分とありがとうを言うのね」と聞いたら、「何でもいいからありがとうと言いなさい」と教育されているという答えでした。

心のこもっていない「ありがとう」を言われても気持ちは伝わらないのです。カタチだけの挨拶がつくりだすものはカタチだけのものになってしまいます。お客様を迎える第一声の「いらっしゃいませ」「こんにちは」には「お越しいただきましてありがとうございます」の、感謝の心を言葉に乗せて伝えないと意味のないものになってしまうのです。

心を乗せることを意識して言葉にしましょう。カタチだけではない本気の感謝の心が豊かなおもてなしになるのです。

✿接客対応

最近、メディアなどでは「おもてなし」のサービスが「過剰」なのではないかと言われています。「配送の細かな時間指定や不在の時の再配達」「24時間営業の小売店」「見えなくなるまでのお見送り」など、今まで「おもてなし」は「日本の美徳」と言われてきた一方で、現代では「おもてなしは非効率」という意見も出てきました。

誰でも効率よく仕事をしたいと思うのは当たり前のことですが、私たち日本人が先祖代々受け継がれたことの中には、口に出さないことや見返りを求めないという美徳があります。

仕事の効率化は経営的に考えればとても有効なことだと思いますが、無駄だと思ったことをすべて排除してしまうと、知らず知らずに大切なものを失ってしまうこともあるのです。

例えば、レストランでスタッフが大皿料理をお一人ずつに取り分けたら、手間がかかり効率が悪いのですが、話に夢中になって料理の取り分けが進まないお客様に取り分けをして差し上げたなら、食事が早く済み、片付けなどの効率も上がるのです。

また、デパートで買い物をしたときに、「雨が降りそうなのでビニールカバーをつけておきました」と言って手提げ袋を渡されたら、「雨も降っていないのにご苦労様」と思うかもしれませんが、のちの雨の日の買い物で、「あのデパートは雨よけのビニールカバーをつけてくれるからそこでお買い物をしよう」と思い出したりするのです。

おもてなしにはそういった小さな積み重ねと心配りが大切です。

プロフェッショナルとは？

「若い人はいいねぇ〜」という言葉を聞くと、確かに「いいなぁ」と思いますが、若ければいい！ということではないと思います。高齢化社会になって年を重ねても元気で働けるうちは働いた方がいいと考えています。

私は、仕事の会合で出かけるときにはいつも着物を着ているのですが、料亭や割烹料理屋の入り口で、お客様をお迎えする下足番の方に「いらっしゃいませ」ではなく「お疲れ様」と声をかけられることがあります。お客様オーラがなかった自分を反省しますが、着物＝水商売なのでしょうか（笑）

料亭には長年勤めている仲居さんがいます。男性陣は「若い仲居さんがいい」と言いますが、年期の入った仲居さんには様々な気遣いがあります。着物が汚れないようにナプキンを持ってきてくれたり、足を怪我していて正座ができずに少し足を崩しているともう一枚座布団を持ってきてくれたり、お料理を出すときや下げるときにも、お客様が心地よい時間を過ごせるようにと気を配られています。

これは、長年やってきたからこそできることで、こうしなくてはいけないという規定はありません。それは熟練された勘と技なのです。この仲居さんには、もてなしの切り回しをする大切なお役目があるのです。

昔は料理屋が流行るも廃るも、その命運は仲居さんが握っていると言われたものです。仲居さんのお客様に対する立ち居振る舞いやもてなしの作法は、いわば料理屋の見せどころであり、華でもあったそうです。その見事な働きが料理屋の看板になり、店の隆盛に繋がっていたのです。このような熟練された方たちのおもてなしには学ぶべきところがたくさんあります。

プロとは「仕事で稼げる」人のことを言います。自分の仕事とスキルに誇りと自信をもち、十分に貢献できるだけの技術を身につける。また仕事でお金を貰っているという時点で「プロ」であるということです。ですから、たとえアルバイトであっても責任意識を持ち、その仕事を行うことが大切です。

「専業主婦は職業に入りますか?」と聞かれたことがありますが、私は入ると思っています。

家事を金銭換算することについて一時メディアで話題になったことがありましたが、それは家族が主婦（母親・奥様）に対して感謝の気持ちがなく、主婦がその仕事にやりがいを感じられないからではないでしょうか。主婦業は「業」とつきますから、金銭が発生しなくても立派な職業です。

ちなみに金銭換算は、厚生労働省「賃金構造基本統計調査」によると、例えば35歳女性が1日に家事に充てていた時間を、外で働いて給与を得たとしたらいくらになるのでしょう。

1日の行動の種類別平均時間によりますと、女性の家事労働の時間は7時間です。また、週休は1日として、1518円　×　7時間　×　25日　＝　26万5650円となり年収にすると320万円ほどです。

私の母は専業主婦でしたが、父や家族を支えるプロだと感じていました。私が小学生のころ、頑固で亭主関白な父や私のために働いている母に、嫌にならないのかと聞いたことがありました。母は、「それは嫌なときもやりたくないときもあるわよ。でも、お母さんがやらないとご飯も食べられないでしょう。お母さんの役割だから」ときっぱりと言いました。私は、なんてかっこいいのだろう！　と思いました。

家族のために朝早く起き、ご飯の支度をして、私たちを送り出し、洗濯や掃除買い物をして家族のための夕飯をつくる。朝出かけるときには毎日必ず手を振って送り出し、帰ったときには「おかえり」と迎えてくれる。自分のことより家族のために、それが母の幸せの形でした。

そんな、家族のためを思う母の姿にプロとしての誇りを感じました。私のおもてなし精神は母から学んだように思います。

おもてなしは黒子、人生はサービス精神

黒子＝黒衣《くろご》とは、黒い衣裳を着て目立たず芝居の補助をする人のことで、「見えないことになっている者」「そこには居ないことになっている者」という側面から意味が転じて、「表には名を出さない者」「裏方に徹する者」といった意味で使われることもあります。

このように、おもてなしはあくまでも黒子に徹することが必要です。黒子として、もてなす相手を何事にも中心に考え、黒子が目立たない振る舞いをすることが大切なのです。

日本人はサービス精神が旺盛だと言われますが、これは「お客様は神様です」という考え方

があるからではないかと思います。

「サービス精神」と聞くと、何かをしてあげなくてはいけないことだと思いますね。笑顔で接客をしなくては、お客様の必要なことを感じ取らなくちゃ、など様々です。「サービス」とは「こちらから与える」ことです。

私は、ホテルや飲食店などのお客様に何かを提供する業界で研修をするときには、「サービス精神」とは「相手の立場に立って物事を考えること」「人を喜ばせようとする心」と教えています。お客様に与えることだけではなく、もう一歩踏みこんだものが必要なのです。

相手の立場に立って物事を考えることは「相手を受け止めること」です。

例えば、職場で先輩や同僚たちと話をするとき、または友人と話をするときに、自分が話をするよりも先に相手の話を聞けていますか？ 相手の話を遮って自分の話ばかりしていませんか？ つい、自分の考えや想いを話したくなりますが、自分の話は最後でいいのです。まずは相手に話をたくさんしてもらうことが大事なのです。

このようにすることで、相手は自分の想いを受け止めてもらっているという安心感から、話をすることが「心地よい」と感じるようになります。そして、その安心感から話を聞いてくれる相手に心を開き、信頼感が生まれていくのです。

まずは相手の話を聞いて、それを受け止めることがサービス精神の鉄則です。「心地よい安心感」は人生に必要で、安心は平和にも繋がります。この平和な気持ちが幸福感を生み出します。私たちは人生において、サービス精神があるかないかで生き方も生活も人間関係も変わってくると思うのです。

「サービス」と「おもてなし」の内容は似ているようにも思えますが、目的が違います。また、「接遇」や「ホスピタリティ」というのもありますが、いずれも「対価を求めない」ところがサービスとの違いです。

「サービス」は「払い受ける対価の対象となる商品や労力を提供する」ことで、サービスを受け対価を支払うお客様が上、サービスを提供する側が下というような主従関係があります。

それに対して「おもてなし」は「おもてなしを受けるお客様に心から喜んでもらう」ことで、もてなす側とおもてなしを受ける側には信頼関係が生まれていて、上下関係のない同等の立場です。

また、「サービス」と「サービス精神」にも違いがあります。サービス精神とは、「人を喜ばせようとする心や奉仕的振る舞い」です。サービスをして対価をいただくのですが、そこに精神がつくと、対価をいただくのだからもっと喜んでもらいたいという思いになるのです。

この気持ちはおもてなしとは異なりますが、おもてなしをする上でも忘れてはいけないものです。おもてなしは目には見えないゼロ円のサービスですが、見えないところで対価となっているのです。

私が通っているネイルサロンのネイリストさんはサービス精神旺盛で、素晴らしいおもてなしをしてくださいます。

毎月、自分自身のご褒美にネイルサロンに行くのですが、かかる時間は2、3時間。綺麗になるために必要なひとときだと思っています。この時間を二人のネイリストさんとお話をしながら過ごしますが、仲良くなってもきちんと敬語で話をする姿勢に感心します。

これは対価を支払うお客様が上で、サービスを提供する側が下というような主従関係ができているからです。また、私が疲れているときには空気を読み、話をフェードアウトしてくれるのでいつの間にか寝てしまいます。お客様を気遣うさりげないおもてなしに嬉しくなります。そして綺麗にできあがった指先を見て喜ぶ私に、嬉しそうに微笑んでくれます。

そんなネイリストさんのサービス精神には、「人を喜ばせようとする心」や「心地よい安心感」を感じることができます。よりよいおもてなしには「サービス」と「サービス精神」も必要なのです。そしてそのおもてなしで高い利益を生み出すことができます。

チームワークでおもてなし、自分自身も楽しむ

「チームワーク」とは、「チーム全員が、目的のために最高のパフォーマンスが発揮できている状態」ではないかと思います。一緒に働くスタッフのチームワークが良くなければ、良いサービスはできません。

「心・技・体」を高める

「心」はやる気やメンタルのことですが、ここで伝えたい心は自己中心ではなく、相手中心の心のことです。「おもてなし」は、自己の利益追求ではなく、相手の幸せを考え、どのように考えるかが必要です。私たちに与えられている役割や目標を理解した上で、モチベーションをマネジメントすることで「自分は何に喜びを感じるのか」と自分自身の「心」が見えてくるのです。

「技」は知識や技術です。「おもてなし」を伝えるためには、基礎を学び、専門的な知識や技術を常に向上させていかなければなりません。

「体」は「行動力」です。失敗を恐れず自ら積極的に行動し、課題に対して解決策を見出し、異なる価値観を持つ他人と協力していかなければいけないのです。

「おもてなし」は、心のあり方で目には見えないものですから、マニュアル化はできないと言われています。心で感じ、技を磨き、行動に起こしましょう。そして、自分だけではなく周りと協力してこそ最高のおもてなしができ上がるのです。

心を込めて仕事をする

一生懸命に仕事をしている人は多いのですが、心を込めて仕事をしている人は少ないと感じています。以前に結婚式で関わった新郎新婦からの話ですが、式場選びの際、プランナーさんに一生懸命に自社のアピールをされ、その熱意からそこにお願いすることを決めたらしいのですが、いざ結婚式が終わってみたらこんなものだったのかと、少しがっかりしていました。

クレームが言いたいのかと聞いてみるとそうではなく、「スタッフの皆さんには一生懸命にしてもらった。でも…。」この「でも」に込められた意味は、最初に「心を込めてお手伝いさせていただきます」と言ったプランナーさんの対応にあったようでした。

成約すると何度も式場に足を運びますが、プランナーさんは常に忙しい様子で、話をしていても慌ただしく、自分たちだけではなく他のお客様も担当されているのはわかっていても、本当に自分たちのことを思っていてくれているのか不安に感じたこともあったそうです。結婚式の当日も朝のお迎えと見送りはあったそうですが、会場に顔を見せることもなく、また当日のスタッフも料理を出すことに一生懸命で、ゲストへの気配りが足りなかったようでした。

「私たちは一生懸命にやりましから問題がありません」ではなく、おもてなしはどれだけ「心を込めて」できるのかが勝負です。仕事は、心を込めることで必ず成功します。

楽しく仕事ができる

同じ仕事をするのなら、楽しいほうがいいですよね。楽しく仕事に向き合うことで仕事の効率やパフォーマンスはグッと上がります。一緒に仕事できることが楽しい！　と感じられる人がいることは幸せだと思います。

私は、幸せな県「いばらき」の婚活応援団「出会い塾」塾長として、27年以上に渡り、少子化対策事業マッチングパーティーの企画運営やお見合いセッティングなどにも力を入れ、出会いの大切さを伝えています。

現在一緒に仕事をさせていただくこともある、茨城の結婚支援では右に出るものはない、「一般社団法人いばらき出会いサポートセンター」という組織があります。

ここのスタッフは皆さん明るく元気です。マッチングパーティーを開催しても、参加者さんから悩み相談をされるくらい親身になります。そんなスタッフとの仕事は最高に楽しく、マッチングパーティーの司会を頼まれるとワクワクしてしまいます。

例えばハロウィンマッチングパーティーでは、参加者よりも気合が入る仮装をしたり、バレンタインにはどんなチョコで告白タイムをしたらいいかを考えたり、自衛隊や農業青年と効果的な出会いはどうしたらいいかなど、参加者が一番楽しめるように、多くのカップルが誕生するためにもいつも試行錯誤しています。だからこそ「このパーティーに参加して良かった」「楽しかった」と参加者に思ってもらえるのです。

おもてなしは、もてなす側も楽しむことが大事だということです。日々楽しんでもらうための努力を怠らないのはもちろんですが、まずは自分自身が楽しめないと、対価だけのサービスで終わってしまい、そこにはお互いを信頼し合う、良いおもてなしはできません。

もちろん楽しいばかりの仕事はありませんが、仕事を楽しめるかどうかは「やりがい」に繋がります。何事も、やりがいをもって取り組められれば、仕事の質も効率もあがり、結果的に利益率があがります。この「やりがい」も、おもてなしをする側としてなくてはならないものです。おもてなしをした相手に感動や感激をしてもらえることが「やりがい」になるのです。

そして、すべてにおいてチームワークが必要になってくるのです。

第五章

「おもてなし力」があると心が豊かになる

見返りを求めない「おもてなし力」

見返りを求めないおもてなしの心は、「好意の返報性」として返ってきます。
「好意の返報性」とは、人から何かしらの恩恵を受けたときに「お返しをしなくては申し訳ない」という気持ちになる心理作用のことです。この心理は、人間が本来持っている義理や人情のようなものかもしれません。

例えば、プレゼントをもらったら「お返しをしなければ」という心理が働きます。プレゼントをもらうだけで全く気にならない人もいますが、ほとんどの人は自分も相手に何かを返したいと思うものです。

近年、バレンタインデーはカップルのためだけではなく、お世話になっている方に「いつもありがとうございます」という気持ちでチョコを差し上げたり、頂いた方にはホワイトデーにお返しをしますね。これは「もらったらお返しをするのがルール」という心理が働くからです。

これをプレゼントではなく、好意に置き換えてみましょう。例えば、仕事でお客様に興味や関心や好意を持ったことで、お客様にも好意を持ってもらい、営業がしやすくなったという経験はないでしょうか。

お互いに何かしてあげたいという、「おもてなし」の根底にあるのは「相手を思う気持ち」です。自分が好意を表すことで、相手も好意を表してくれるようになり、相手を大切に思う気持ちは、やがて相手が望むものを与えてあげたいという気持ちに発展します。

返報性の原理は、日常のとても身近なところにあります。家族に喜んでもらうことが自分の喜びであるように、人を歓待するときも家族と同じように接する、「おもてなし力」は自分を心豊かにし、人生をより楽しむことができるのです。

おもてなし力でモテる

おもてなしができる人は、プライベートでも仕事でも色々な場面でモテます。私たちは同じ人間なのに、どうしてモテる人とモテない人がいるのか不思議だと思いませんか？

「モテる」というのも異性にだけではなく、同性にもモテる人はさらに魅力的です。同性にも好かれる人には、常にまわりへの思いやりがあり、一緒にいると楽しい気持ちになります。家族はもちろんのこと、心配事や悲しいことがある友人にもさりげない気遣いができる人です。

そして、相手の気持ちに共感することができ、誰に対しても裏表のない態度で接するので、周りの人から信頼を得ます。この裏表ない気持ちが、おもてなしの根底にある精神なのです。

周りの人の信頼を得られると、自分にも自信が持てるようになります。人生には様々な出来事が起こり、その中で落ち込むことも辛いときもあるでしょう。それでも自分を信じることができる人は、何があっても、決して人生をあきらめません。自分に自信がある人には人を惹きつける力があるのです。

そして、リラックスして人生を楽しんでいる人もモテます。人生を楽しんでいる人はいつもポジティブで明るく、まわりの人を豊かな気持ちにさせてくれます。自分が楽しむことができる人は見返りを求めません。純粋に自分が楽しいことが幸せだからです。

自分が楽しめないと「ここまでしてあげたのに」「お返しは何もないの？」といった見返りを求める気持ちが出てきます。相手が喜ぶことを純粋に楽しめると、それだけで満ちたりて幸せな気持ちになりませんか？

この見返りを求めない、自分が楽しむという気持ちも、おもてなしにはなくてはならないものなのです。おもてなしは相手があるからこそできることです。ぜひ、「おもてなし力」を自分のものにしてモテモテの人生を歩んで下さい。

おもてなしの心は愛され、声にも現れる

私たちは常に何かしらの「愛」を感じて生きています。自分を愛する「自己愛」、人を愛する「人間愛」、異性との「恋愛」など様々です。

「愛の心」を持つと、思いやりの心が生まれ、言葉も振る舞いも優しくなります。愛を感じられることで心が満たされるからです。優しくなれると、人間関係も良くなります。

この世に生まれて最初に出会う愛は「親愛」です。私たちは親からの無償の愛で育まれ、初恋をして恋心が生まれ、恋が愛になり大きな愛情に育ち、自分も結婚して親になります。

「親愛」を持っておもてなしをすると、する側もされる側もしあわせな気持ちになります。そ

こからまた新しい愛が生まれ、「しあわせの連鎖」へと繋がっていくのです。おもてなしの心を持って生きることで、きっと今まで経験したことのない素晴らしい世界が広がります。

私は、20年以上前に結婚式の司会をした際、一人のピアニストに出会いました。

彼女の性格の良さはピカイチで、どんな仕事でもこなし愚痴も言いません。そんな性格から、今ではジャズボーカリストとして都内や地元で年間200以上のステージを行っています。

彼女のライブは楽しく、雨が降っていたなら雨の歌や、季節に合わせた歌を歌います。野外ライブで学生が食い入るように見つめていたときにも、「高校生？　楽器は何かしているの？　もっと近くで見ていいよ」と声をかけたり、ライブハウスでは話に夢中なお客様には話の邪魔にならないように歌い、しっかり聴いてくれている方にはその方が好きそうな選曲を、お酒を召し上がっている方にはお酒が楽しめるような選曲をと、丁度いい距離感で歌声を届けてくれます。そして必ず感謝の言葉を口にします。

彼女の「人を楽しませたい」というおもてなしの心は、音楽と彼女の声にのせてお客様に届き、聞いている人の心を癒します。声にはその人の内面が出るといいますが、そんな彼女の姿勢から皆に愛されるキャラとなり、ジャズボーカリストとして様々なところに呼ばれて歌を披露しているのだと思います。

私たちはつい、自分が一人で大きくなったように思いがちですが、親の養育があり、多くの先生から教えをいただき、沢山の友人と出会い、愛や友情を育みながら生きています。

感謝することも、自分のところに戻ってくる反射の作用があり、鏡のように跳ね返ってきます。他者に感謝をしている人は、必ず周りからも感謝をされるようになります。感謝の気持ちがある人には安心感があり、その心地良さから人が集まり、その人の魅力となって、周りにも良い影響を与えます。

人は「ありがとう」と言われると、自分が役立てたと実感することができます。他者からの感謝の気持ちが自己肯定へと繋がり、お互いの関係性をより良いものにします。それはおもてなしの心にとっても不可欠です。

おもてなしから出会いが広がり、人生が好転する

出会いが、自分の考え方や価値観、環境に大きな変化をもたらすきっかけになることがあり

ます。そして、たった一度のおもてなしが人生を大きく動かすこともあるのです。

良いご縁や出会いを引き寄せるためには、周りにいる人を大切にし、自分に貢献できることはないかと考え、自分自身を磨くことが大切です。

ただ一度のおもてなしのために最高のおもてなしを準備する。日々の生活の中でほんの少し、自分を磨きたい部分を意識するだけで、その積み重ねの結果が半年後、一年後に大きく変わってきます。

キラキラ輝く宝石も、最初は輝きのない石ころです。でも磨けば磨くほど、綺麗な光を放つようになります。ほんの少し気持ちの持ち方を意識することで、より素敵な出会いに繋がっていくのです。


人や社会との「繋がり」は人生を変えます。「出会いが人生を変えた」という話は世の中には多くありますが、その繋がりの基本にあるのは自分の中の「価値」に相手が共感してくれることです。それによって次のステップへと進めるのです。

では「人間の価値」とは何でしょう。「価値」とは、「あるものを他のものよりも上位に位置づける理由となる性質、人間の肉体的、精神的欲求を満たす性質」と辞書にあります。

「話が上手」「料理が得意」「足が速い」というものから、「iPhoneを発明した」「オリンピックで金メダルを獲得した」という人まで様々ですが、その存在自体に価値があり、一人一人が大切な存在ですべての人に備わっているもの、という考えがあります。しかし、「結婚できない自分には価値がない」とか「やりたいことがわからない自分には価値がない」と、自分自身で、自分の評価を下げてしまっている人もいます。これでは良い出会いがあるわけがありません。「素晴らしい人に出会いたい」「自分の人生を変えてみたい」と思うのであれば、まず自分の価値を識りましょう。

自分の価値を識ると相手の価値も認めることができます。おもてなしは相手を受け入れ、大切に思う心。おもてなしを受けた人の「大切にされた」「歓迎をうけた」という満たされた思いは、自分も誰かに同じように幸せのおすそ分けしたい、という思いに繋がっていきます。

出会いは必然です。神様が与えてくれる出会いはきっかけしか与えてくれませんが、その出会いを運命に変えるかどうかは、自分次第です。

おもてなしは夢を叶える力を育む

夢を叶えるために何をしていますか？　私は頭で考えるより先に行動しています。

中学生のころ、勉強をしながら聞いていたラジオで「レポーターを募集している」と聞き、アナウンスの勉強などしたこともなかったのに興味がわいたことですぐに応募しました。試験会場で、受験する方たちの経歴を聞いて「私は場違い？」と思いましたが、自分が採用になり驚きました。「応募する」という行動力がなかったら、今の人生とは別の人生を歩んでいたと思います。

その後、地元のFM局で13年間ラジオパーソナリティーをさせていただけたのも、FM局の社長から電話で「また、ラジオでしゃべってみる？」と言われたときに即答で「はい！　お願いします」と行動を起こしたことも始まりです。

本の出版についても同じでした。出版したいと思い、編集者さんを紹介していただき、すぐ会いに伺ったことでその夢が叶いました。

人生は一度ですから精一杯生きないともったいないのです。

「私はダメ」「そんなことできるわけない」「おもてなしなんて面倒」と思っていたら何もできないのです。自ら行動を起こすことで、きっと夢は叶います。

「誰かをもてなしたい」と思ったら、考えていないで即行動を起こすのです。おもてなしをしたことがない人でも、精一杯行動に表すことで相手に伝わります。そして、もてなした相手の喜ぶ顔を見ただけで、こちらまで嬉しい気持ちになるのです。


夢を叶えることとおもてなしは一見関係がないように見えますが、実は大きく関係がありま す。私たちは人に喜んでもらえるともっと何かをしてあげたいと思います。夢を語られたら一緒に夢を叶えたいと思うようになります。もちろん自分の夢も叶えたくなります。そして、精一杯生きている人の夢も応援したいと思い、手助けをしてくれる人との出会いも生まれます。

何をするにも全力でやるということは素晴らしく、精一杯生きている人は美しいのです。

おもてなしは感性を磨き、心を豊かにする

「安達さんは感性がいいね」「おもてなしにはこの感性が大事だから」と人に言われて、おもてなしをする上で「感性」はどのように使えばいいのかと考えるきっかけになりました。

「感性」は「外界からの刺激を直観的に印象として感じ取る能力」と辞書に書いてあります。そこで気がついたことは「五感を意識すること」でした。

五感《ごかん》とは、動物やヒトが外界を感知するための多種類の感覚機能のうち、古来からの分類による5種類「視覚、聴覚、触覚、味覚、嗅覚」です。人間は、五感のうち視覚と聴覚で9割の情報を得ており、使えば使うほど磨かれ、使わない五感は退化するようです。

例えば、音楽を聴くときに「楽しくて元気になる」という聴覚や、食事のときに「美味しい」と感じる味覚というように、感覚が大事なのです。また、どんなに知識や経験があっても、感じとる「心」が鈍くては、感性が豊かとは言えないと思います。

「お茶を五感で味わって楽しむこと」を想像してみてください。

お湯が沸く音やお湯を注ぐ音は耳で聞く「聴覚」で、お茶碗を手に持つ感触やお湯の温度を確かめるのに触るのは「触覚」、湯気と共にお茶の優しい香りを感じる「嗅覚」、注いだお茶の色を観察する「視覚」、そして口に含んだ茶の味のうまみや渋み、苦味を味わうのが「味覚」です。お茶をいただくだけでもこのように五感をフルに活動させています。感性を磨き、五感で感じることで、最高のおもてなしを感じ取っていけるのです。


私たちは、沢山の人に助けられ、支えながら生きています。日々の「当たり前」に感謝をすることも大切なことです。朝起きておはようと挨拶をすること、ホカホカと湯気が立つご飯が食べられること、何気ない会話で笑えること、このような日常に感謝ができると他人にも自分にも優しくなれます。感謝することで今ある幸せに気づくことができます。

心配りのあるおもてなしができる人は、周りの人からも好かれます。その「おもてなし」は心が豊かでないとできないことです。「おもてなし力」を身につけることによって、自分の考え方や価値観、言葉遣いやしぐさなど、自分自身の成長へと繋がっていきます。

心は見えないものだから

正しい言葉遣いを身につけることは身だしなみのひとつだと母に厳しく躾られました。なぜ正しい言葉を使わないといけないのかと母に聞いたことがありますが、母は「心は見えないでしょう。だから見えない心を伝えるときには、口から思いを伝える言葉を出さないといけないのよ」と、言いました。そのとき見えないものを見えるようにするのが言葉なのだと、子ども心に思ったことを覚えています。

その後、思春期になって乙女心が芽生えたときに、好きな人を恋しいと思う「恋心《こいごころ》」と、「心」の「恋」と書いて「心恋《うらごひ》」と読む、美しい日本語があることを知りました。「心恋《うらごひ》」は、心の中で恋しく思うことで、想い人に「告白ができず、恋心が長く続く」状態です。恋心とは少し違い、秘めたる思いが伝わってきます。

なぜ「心」を「うら」と読むのだろうと思ったときに、母の言葉の「心は見えないものだから」を思い出しました。

確かに日本語には、様々な心を使った言葉があります。「心の色」も、複雑な心模様を色彩になぞられた味わいのある言葉ですし、心がけや心構えをすることを「心化粧」と言います。「日ごろから失礼のないように、心化粧しています」と使うように、化粧と言う言葉には、心づくろいをする気持ちや、心を改めて準備する状態が表れているのです。

目に見えない「心」を、美しい日本語を使っておもてなしをしたいですね。

心づけとチップから学ぶおもてなし

子どものころ家族で旅行に行くと、母が旅館の仲居さんにいつも白い袋のようなものをそっと渡していました。何を渡したの？　と聞くと「心づけよ」と言い、中身は少額のお金だと教えてくれました。どうして渡すのかと聞いたら、一日お世話をやいてもらう（おもてなしを受ける）のだから、私たちも仲居さんも気持ちよく過ごすためにお渡しすると言っていました。

私も結婚式の司会をするようになったときに、「本日は宜しくお願い致します」というご挨拶と一緒にいただいたことがあります。いただいたから特別に何かをしようとか、いただかないから手を抜こうなどという気持ちはありませんが、ちょっぴり嬉しい気持ちになりました。このようにほんの少し相手を気遣うことがお互いを思い合うというものであり、日本の心なのだと感じます。

チップは、提供されたサービスに対して支払うべき（支払わなければならない）お金です。心づけは、提供されたサービスに対する「感謝の気持ち」をお金で表すものです。

チップがある国では従業員にとってチップは給料の一部なので、サービスを提供すればもらうべきお金ですが、「心づけ」はお客さんの「気持ち」の表現方法のひとつなので、なくても給料自体が変わるものではありません。実際に海外では「チップ」を払わないと、払って下さいと言われてしまうケースもありますが、日本で「心づけ」を払って下さいと言われることはありません。日本では「チップ」がない代わりに、大体の場合はサービス料として支払っているはずです。

海外のレストランではテーブルの担当がいます。その方はチップをいただくために精一杯サービスをしますが、他のテーブルから声がかかっても知らないふりをして愛嬌もありません。

それは、他の人の仕事（チップ）を奪ってはいけないからです。

では、私たち日本人のサービス担当の方はどうでしょうか？　声がかかればすぐにお客様のところに伺い要望を聞きます。サービスにサービス料が含まれているとはいえ、サービス料のために接客をするわけではなく、お客様に居心地のいい時間を過ごしてほしいと思うからなのです。そのようなところから見ても、日本と海外のおもてなしの違いがわかります。

日本では「チップ」を渡す習慣がないので、心づけもチップも同じような意味で使ってしまいがちですが、このように違いがあるのです。

彩りのある人生でおもてなし

美しい色をつけることを「いろどり」と言いますが、あなたは何色が好きですか？

私は「ピンク」が好きです。ピンク色には女性らしさや柔らかい印象があります。また、穏やかで優しく幸福感を感じさせるような心理効果もあるようです。

暖色の代表的な「赤」はあたたかみを感じる色です。赤は血や肉の色であり、昔から「生命の色」で生きる力を高める色です。日本の国旗の日の丸も「赤」ですね。

日の丸に映えるようにと、男子サッカー日本代表の青いユニフォームは、「SAMURAI《サムライ》 BLUE《ブルー》」に決まったという話もありますが、「SAMURAI BLUE」には、誇り高くフェアに、そして負けることをよしとせず、勝利への強い思いを持って戦いに挑む日本人心が込められてるように感じます。

このように色で感じることは沢山あるのです。黄色いレモンを見たら「酸っぱい」と感じますし、元気な人のイメージカラーは「オレンジ」だったり、涙は「水色」が頭の中に浮かぶものです。

もしも、自分が誰からも必要とされていなかったらどうでしょうか。

色で例えると「透明」でしょうか。透明な人生はどうでしょう。誰からも認められず存在さえないのです。こんな悲しいことはありません。

私たちは必ず人に助けられ、支えながら生きています。一人だったら、おもてなしも礼儀作法もいらないのです。人と関わることで感謝の気持ちや思いやりの気持ちが育つのです。

ＳＭＡＰの「世界に一つだけの花」には「人は元々替えのきかない、たった一つの特別な存在であり、人は色々な人がいて十人十色だけど、その中で競う必要はなく一番を目指さなくてもよく、誰とも比較できない特別なかけがえのない人」という意味が込められています。

この歌詞のように、様々な色のある人生の中で、オンリーワンのおもてなしができたら素敵ですね。相手を思うたった一つの特別な存在へ、心をこめておもてなしをしたいものです。

第六章

キラリと光るワンランク上のおもてなしのために

基本と一般常識を身につける

「心」や「気持ち」は目に見えないので、カタチにすることは難しいと思いがちですが、実は誰にでもできる簡単なことです。「わからないからできない」ではなく、まずは「基本」を覚える。基本ができると自信に繋がり、気持ちも乗ってきます。

その基本とは、「一般常識を身につけること」「礼儀正しいこと」「笑顔を絶やさぬこと」「他人に言われたことを素直に受け止めること」など、私も母から教わってきた当たり前のことです。

おもてなしは、そこに相手を思い、心が寄り添うことで成り立ちます。

「一般常識」といってもどこまでが一般常識なの？　と判断に迷う部分もあるでしょうが、少なくとも「マナーを心得ている人」と言えるでしょう。

「常識」とは、「社会の構成員が有していて当たり前のものとしている価値観、知識、判断力のこと。また、客観的に見て当たり前と思われる行為、その他物事のこと」と辞書にありますが、一般的には「あたりまえ」と言われるようなことです。

例えば、日本の四季の行事やお茶の出し方、ビジネスであれば、席次や敬語の使い方などを知っておく必要があります。

これも母からの教えですが、「頭のいいことに越したことはないけど、社会に出たら成績表を持ち歩くわけじゃないのだから、今の社会情勢や、常識と言われることがわかっていることが必要よ」と。

正しい日本語を使い、一般常識がわかる人は相手に良い印象を与えます。知っていて当たり前の一般常識とは、生活をしていくためには必要不可欠なものなのです。

間違えた敬語を使ったり、目上の人に対してタメ口を使うなど、言葉遣いが悪いと常識がないと思われてしまいますし、公共の場で大きな声で携帯電話で話す人、煙草を指定された場所で吸わない人、ゴミを決められた場所に捨てられない人などがいます。

自分では常識ある行動をしているつもりでも、周りからすると非常識な行動に見えることもあるので気をつけないといけません。

おもてなしは一般常識がわかるからこそできることなのです。社会人になってから常識のない行動をしていると、恥ずかしい思いをすることが多いだけではなく非常識な人と評価をされてしまいます。

挨拶が変われば人生が変わる

空気のように特に意識せず、毎日の挨拶をしている人が多いと思いますが、挨拶は「大切なおもてなしの一つ」という意識を持ちましょう。

挨拶の語源は「一挨一拶」、禅宗の問答に由来した言葉です。

挨拶の「挨《あい》」には、心を開くという意味、「拶《さつ》」には、その心に近づくという意味があります。

「挨拶は、自分の心を開くこと」で、相手の心を開かせ、相手の心に近づいていく積極的な行為であり、「あなたの存在を見つけました。よろしくお願いいたします」という人間関係をスタートさせるための、コミュニケーションの第一歩なのです。

笑顔で相手の目を見て、明るく大きな声の挨拶に変えるだけで好印象になります。明るい人に見られ、やる気のある人、ステキな人だと印象づけることができるのです。そうして印象が変われば多くの人から声をかけられるようになり、人脈が広がり、人生が変わっていきます。挨拶をするだけで人生が好転するなんて素晴らしいですね。

挨拶は人間関係を築く上で大切なものです。ぜひ、自分から積極的に声をかけてみましょう

先日、小学生のお子さんを持つお母様から挨拶のことで相談がありました。

「うちの子は反抗期なのか挨拶ができないのです。『挨拶しなさい』って言っても決して言わないのです。どうしたらいいですか?」という相談でした。

朝、「おはよう」とお子さまに声をかけていますか? とお母さまに尋ねると、それより先にお子さんに「挨拶は?」と聞いていたそうです。それではお子さんも言いたくありませんよね。

例えば、自分の名前も告げないで「こんにちは! 名前は何ですか?」と聞かれても、なぜあなたに言う必要があるの? と思いますが、「こんにちは! 私は安達と申します」と言えば、自然に「私は○○です」と返ってきます。

挨拶も同じで、自分から「おはよう」と声をかけるだけでいいのです。もちろん最初は返事が返ってこないかもしれませんが、毎日「おはよう」「行ってらっしゃい」「お帰り」「おやす

みなさい」と言えば、お子さんも自然と挨拶が返せるようになり、いつの間にか自分から「おはようございます」と声が出せるようになります。

挨拶は自分から先にした方が良いということは、頭ではわかっていても、なかなかできないものです。挨拶は「あなたの存在を見つけました。よろしくお願いいたします」という、人間関係をスタートさせるためのコミュニケーションの第一歩ですから、そういった気持ちを込めて、自分から積極的に声をかけましょう。

✿挨拶は略された言葉

「おはよう」は「お早く起きて、健康でよろしいですね」「朝がお早うございますね」が略されたものです。

「こんにちは」は「今日はお日柄もよくご機嫌いかがですか」「今日は良いお天気ですね」などが略され「今日は」になりました。

「こんばんは」も「今晩は寒いですがいかがお過ごしですか」や「今晩はいかがですか」が「今晩は」に略されたのです。

また、日常で当たり前のように使っている「さようなら」には、「もう二度と会えないかもしれない、だから別れの瞬間は大事にしよう」と、いう思いが詰まっています。

「さよう」は武士ことばで「左様」、つまり「そのとおり」「その状態」と、今の言葉では「そういうことならば」を意味するものでしょう。これはもう用事は済みましたか？「さよう」「それ」「なら」「お別れしましょう」と使われていたのですが、長すぎて現在の「さようなら」になったのです。

また、江戸時代までは「さようなら、ごきげんよう」と言っていたそうですが、明治時代になると男性は「さようなら」、女性が「ごきげんよう」と掛け合うようになり、昭和になると女性もほとんど「ごきげんよう」を言わずに、「さようなら」だけを言うようになったようです。

このように日常的に使う言葉にも様々な意味が込められています。相手に伝える言葉は「もてなしの心」を伝えるためのものなので、ひと言一言を大切に伝えたいものです。

✿挨拶の4つのキーワード

あ　かるく　挨拶は明るい声で
い　つも　いつも同じに元気よく
さ　きに　先に言った方だが印象に残る
つ　たえる　口を動かすだけではなくきちんと伝わるように

✿「はい」の使い方

「はい」「いいえ」は挨拶の言葉ではありませんが、自分の存在を知らせるためにも「はい・いいえ」の言葉も挨拶と同じように、返事は必ず相手に伝わるようハッキリと言いましょう。

特に「はい」の返事は大事です。「はい」には「わかりました」「承知いたしました」「その通りです」などの意味があります。そして、ただ「はい」と返事をするのではなく、「はい」の返事の後に「かしこまりました」「承知しました」などの言葉をつけると、相手に理解や承諾を強調できるのです。

たった二文字の「はい」ですが、言い方ひとつで「私は、今ここに居ます」という存在感を表す「はい」、学びの場で「わかります」と挙手をする「はい」、感謝の気持ち「ありがとうございます」の「はい」、様々な配慮が必要なときや気配りが必要とされる「はい」、相手に物や商品を差し出すときの「どうぞ」の「はい」と、相手への伝わり方が違ってきます。

イキイキと元気の良い「はい」には活力があります。大きな声でハキハキと言う「はい」には、やる気を感じさせます。

誰もが知っている簡単な「はい」だからこそ、心を込めて返事をすることで信頼を得られ、様々な方とのお付き合いに差が出てきます。

大切な人への思いやりの返事「はい」は、「拝」「配」「背」を使いこなして円滑な人間関係を築きましょう。自分の思いを伝えるという役割だけではなく、「おもてなし」と考えることで、言葉遣いにも気を配れるようになるのです。

ワンポイントメモ

【拝】「拝」の語意を意識して「はい」と答えます。心や思いを伝えてくれる言葉は自分のためなのですから感謝を込めて「拝聴」させていただく気持ちが必要です。

【配】相手の気配りや心配りが感じられたとき、自分自身に気配りや心配りが必要なときには、「言われることに気配りします」の「配」を意識し「はい」と返事します。

【背】相手から指示や命令を受けたときは「背負う」を意識して安心感を与えるように「言われたことを私は責任を背負い間違いなく行います」という気持ちを意識して「はい」と返事します。

丁寧な言葉遣いでおもてなしを

正しい言葉遣いを身につけることは身だしなみのひとつです。

研修などで、既に立派な社会人になっている方々の若者言葉には耳を疑うとがあります。まだ大学生気分が抜け切らないのか、注意をしたときに「えっ、マジですか？」と言う人がいるのです。就職活動の面接では大丈夫だったのかと心配するほどですが、「マジですか？」ではなく「本当ですか？」「さようでございますか？」に言い換えてくださいと言うと、悪びれることもなく「はぁ、敬語って難しいっすね」と返され、「小さい『っ』はいらない」と注意をしなくてはいけません。

「ちょっと」ではなく「少々」、「やっぱ」ではなく「やはり」と美しい日本語を使いこなすことで自分自身の品格が高まり、きちんと自立している大人という良い印象がつきます。正しい言葉遣いはおもてなしには欠かせないものなのです。

もちろん、丁寧過ぎてもかしこまり過ぎてしまっても、良い人間関係は築けませんが、時と場合により使い分けることが必要です。「親しき仲にも礼儀あり」です。社会人として常識のある言葉遣いをしたいものです。

常に「相手が聞き取りやすいように、理解しやすいように」と意識して話すと、声のトーンや話す速度にも注意を払えるようになります。また、相手の気持ちを考え言葉を選びながら話すので、交渉力の向上にも繋がります。

接客をするときには「たくさんあるお店の中から、私どものお店を選んでくださいましてありがとうございます」という思いを入れて言葉を発すると、思いは相手に伝わり、お客様も「来て良かった」と感じます。

同じ言葉でも、どういう思いでその言葉を使っているかで全く響き方が違ってくるものです。私は、何かするときは「心を込めなさい」と、教えられてきましたが、この気持ちの込め方は案外難しいものです。「心を込めて…」とは、相手を思う気持ちですから、常に心を込めましょう。雑談でも心が込められていると感じたら受け取り方は変わります。相手のことを思って真剣に話をすれば相手にも伝わります。

店舗研修の時に、「心を込めて、いらっしゃいませと言いましょう」と指導をしたら、「心を込めるって、どういうことですか？」との質問に驚いたことを今でも覚えています。繰り返しになりますが、心を込めることは「相手を思う」という気持ちです。常に心を込め続けることはハードルが高いかもしれませんが、せめて目の前にいる人に心を込めることを意識してみましょう。

心を込めて、「お手伝いいただき感謝をいたします」「助かりました。ありがとうございます」など、感謝の言葉を伝えてみます。

言葉遣いが美しいと、いつのまにか背筋もシャンと伸びて美しい姿勢になり、「常識がある聡明な人」と信頼されるようになります。

美しい日本語を使うように心掛けるだけで、相手に対する心持ちや姿勢、話し方などさまざまな変化が現れ、自分に自信が持てるようになります。ブラッシュアップした自分自身にプライドを持ち、生きることができるでしょう。

そして、このプライドはおもてなしをする際に品位・品格となって現れ、関わった方に「また会いたい」と感じていただけるのです。日本語には様々な種類があり複雑なため敬遠しがちですが、正しい言葉遣いを心掛けると、自然と相手を敬う気持ちが生まれます。

相手が誰でも丁寧な言葉遣いは思いやりの心と同じです。美しい日本語を話して素敵なおもてなしをしましょう。

身だしなみは歓迎のしるし

私の親友は、いつ自宅に伺っても身なりがきちんとしています。突然伺って、エプロンをかけて玄関から出てくることはあってもスウェットの上下姿などは見たことがありません。私はマナーやおもてなしをお教えしていますが、お恥ずかしいことにお化粧の途中や部屋着のままで、突然の来客にあたふたしてしまうことがあります。

親友は朝、だんな様や息子さんを送り出すときから帰宅して食事の時間まで、きちんとした身なりでいるのです。服装の乱れは生活の乱れというように、身だしなみの大切さを親友から教えられました。

突然お邪魔したとしても身だしなみが整っている姿は、歓迎されているように感じます。

自分の見た目をチェックしてみましょう。見た目に気を配れない人は、何事にも気を配れません。自分の見た目に気づかないのですから、他のことに気がつくわけがないのです。女性だから見た目を気にする、男性だから気にしないではなく、誰でも常に見た目に気を遣うことは大事なことです。

第一印象は3秒か6秒で決まると言われています。人の心理には「初頭効果」というものがあり、最初に相手に与えた印象で、その人の印象は決まってしまうというものです。

さらに、決まった印象はその後なかなか変わることがありません。マイナスなイメージを与えてしまうと、それを克服するのには第一印象の何倍もの時間がかかってしまいます。良い印象を与えることができれば問題はありませんが、最初に悪い印象を与えてしまうと、それを後から改善するのは非常に難しいのです。

講座のときに、「鏡は一日に何回ご覧になりますか?」と質問をすることがあります。男性は一回、女性も朝昼晩と三回かしら…という方も少なくありませんが、心理学には鏡を見る回数でわかる「公的自己意識の高さ」というものがあります。「公的自己意識」とは、自分の容姿や振る舞い方などが、他人からどう見られているのかを意識することです。公的自己意識の強い人は、まわりの状況に敏感で自分をまわりに合わせよう気も配るようになります。

常に自分の見た目を意識することで、人の見た目にも関心を持つようになります。関心を持つことでさらに様々なことに気が利くようになり、何に対してどう動いたらいいかという頭が働き、多くのことに気が配れるようになるのです。

外見だけではなく中身が大事

見た目が9割と言われる今の時代、第一印象が悪いと人づき合いは次に進みません。見た目ではわからない「良い所」のある人だとしても、次に進まないのでは話になりませんね。

それほどに見た目は重要だということですが、私は幼いころから両親に「人を見かけで判断してはいけない」と教えられてきましたので、人の外見だけではなく、その方の本質を見ようと心がけています。

しかし、スーツ姿が爽やかなイケメンと、髪の毛がボサボサで服装もだらしないおじさんにもし道を尋ねられたらどうでしょう。見た目の良い方には丁寧に対応し、見た目の悪い方には関わらないように通り過ぎてしまうかもしれません。見た目で判断してはいけないということがわかっていても、髪の毛がボサボサで服装もだらしないおじさんは、もしかして悪い人かも…と見た瞬間に想像し、関わりたくないと思ってしまうものです。

では、見た目だけが良ければいいのでしょうか？

恋愛のことわざに「美人は三日で飽きる」というものがあります。容姿の美しい女性を恋人にしても、その魅力はすぐに感じられなくなってしまうという考えを表す言葉で、その反対に「ブスは三日で慣れる」と言われています。

容姿の美醜は恋人選びにおいて些細な問題であるという意味ですが、これは間接的に見た目ではなく、中身で恋人を選ぶべきだという教えで、何事も中身が伴っていないと次には進まない。いずれ化けの皮がはがれて、関係はうまく続かないということです。

初めてお目にかかった方にも信頼を持ってもらうには、その人の「心（中身）」が必要です。どんなに素敵に見えるおもてなしでも、そこに「心」という中身がなかったら、相手に決して届かないのです。

また、「花より団子」という言葉がありますが、この「花より団子」とは、風流よりも実益、外観よりも実質を重んじることのたとえで、美しく咲いている花を愛でながら、その味わいを楽しむより、自分のお腹を満たしてくれる団子のほうを選ぶという意味から生まれた言葉です。

確かに、どんなに美しい花を愛でていてもお腹は減ってしまいます。お腹が減ると体力がなくなり、気力も衰えてしまい行動に移すことができなくなってしまいます。

食欲という中身を満たすことで、心に余裕が生まれて人に優しくできたり、元気になったり、前向きになることもあります。お腹が満たされると、心も満たされますね。満たされると心に「ゆとり」の気持ちが生まれ、そのゆとりから優しい気持ちになり、人に何かをしてあげたいと思うようになり、それが「おもてなし」として形になるのです。

つまり、ある程度の外見は必要ですが、それ以上に中身がしっかりとしていないと人には響かず、良好な人間関係も築けなくなってしまうということです。

今、「おもてなし」という単語は世界共通の言葉になりつつあります。しかし、流行のように「おもてなし」とつけておけばいいというものではありません。「おもてなし」という言葉に魅かれ期待をしたために、中身のないおもてなしを受けてがっかりしてしまうことも多々あります。

心からのおもてなしは、相手を思う気持ちで、どうしたら喜んでもらえるのか、感動してもらえるのか、を考える中身から始まるのです。

笑顔に勝る化粧なし

笑顔はおもてなしにおいて欠かせない要素の一つです。初対面の人なら尚更です。人には誰でも「歓迎されたい＝受け入れてほしい」という気持ちがあります。笑顔で話をしてくれる人は、それだけで明るい気分にさせてくれます。

お客様がいらしたときには基本中の基本、笑顔でお迎えするだけで、「歓迎されている」と感じ、「受け入れてもらえる」という安心感を与えます。

地元の商店街で、四代続いている商店の女将さんは「笑顔に勝る化粧なし」という言葉がピッタリの方です。時には嫌なこともあるはずですが、お店ではいつも笑顔で、この笑顔に会いたくてお買い物に来る人も少なくありません。お顔立ちが良いこともありますが、目じりも口元にも笑い皺があり、いつも笑顔で過ごして来られたのだろうなぁと感じます。人を魅了する一番の方法は笑顔だと感じさせてくれる女性です。

若いころは黙っていても人が集まってきます。でも、人は誰でも平等に歳をとります。年齢を重ね、いつの間にか「無愛想なおばさん・おじさん」になっていませんか？　そうなると周りには誰も寄りつかなくなり、人も幸せも逃げてしまいます。笑顔で人に接することで、自分の生活自体も前向きになります。そして笑顔でいるだけで周りの人は楽しくなり、人も幸せも寄ってくるのです。

大切な人の笑顔を想像して、それを行動に移せば結果的に自分も笑顔になり、幸福感に満たされます。心からの笑顔を見て気分を悪くする人はいないでしょう。

大切な人の笑顔が見られると、自分も笑顔になり幸福感が生まれます。何をしても誰からも評価もされず、誰も喜んでくれなければ気持ちは満たされません。誰かが一緒に喜んでくれると喜びは倍増します。そして更なる「達成」へと意欲が湧き、やる気が出ます。

もてなしを受ける相手のことを想像することは必ず良い結果に繋がるのです。

心を美しく、出会いを大切にする

私たちの内面は、目に見えるところに出てきます。前向きな人は顔がイキイキしています。「清潔で綺麗でいたい」と思う人は、清潔で綺麗でいるための努力をしています。素敵でいたいと思うことで、内面を鍛えているのです。年を重ねると容姿は衰えますが、良い人生経験は年をとるごとに洗練されていくものです。

私もいい年齢になってきました。若いころは50歳なんて想像がつきませんでしたが、自分がその年齢に達してみると、まだまだ未熟なことに気づきます。そして私のまわりにいる年を重ねた先輩女性を見て「このように年を重ねたい」と思い、年を取ることは幸せなことだと感じるようになりました。

人間性に溢れた人は、魅力的でチャーミングで、かっこ良く、いい年の重ね方をしています。内面が美しい人は心にも余裕が出てくるのです。その余裕は「人に何かをしてあげたい」という気持ちになります。

また、男女年齢問わず自分の心に余裕があると、誰かと接するときにも自然体でいられます。そうすることで相手はリラックスし「なぜ、この人といるとこんなに楽しいのだろう」と思うようになるのです。そして、居心地の良いこの人にまた会いたいと思います。心に余裕があるからこそできる「何かしてあげたい」というおもてなしの精神は相手を思う心を育てます。

歩いていて誰かとすれ違ったとき、ちょっと袖が触れ合うような些細な経験はありませんか？　そんなとき、「ごめんなさい」と一言があったり、軽い目礼や笑顔に、ほんの少し心がほっこりした気持ちになるのは私だけではないでしょう。

「袖振り合うも他生の縁」とは、知らない人とたまたま道で袖が触れ合うようなちょっとしたことでも、前世からの深い因縁あるという意味です。人とのご縁はすべて単なる偶然ではなく、因縁により起こるものですから、どのような出会いも大切にしなければならないという仏教の教えに基づいています。

「満員電車で肩が触れた」とか「目の前にいる人と目が合った」くらい些細なことで、前世で何かあったとは思わないでしょうが、全世界で73億9千万人、日本の総人口は1億2千万人、（2017年7月1日現在）の中でただすれ違うだけの通り過ぎてしまう人もいますし、名前は知らなくても挨拶をかわす人や、親しく会話ができる人、一緒に食事を楽しむ人、一生のお付き合いに発展する人がいるのです。これは偶然ではなく必然ですから、その出会いを大切にしていきましょう。

若いころの私は、友人と食事やお酒を飲みに行ったときの相席が好きではありませんでした。混んでいるときは仕方がないと我慢していましたが、人生を重ねるうちに、そのようなときこそ必然の出会いがあると感じるようになりました。たまたま話した内容で知り合いが繋がっていたり、同窓や同郷だとわかると、あっという間に距離が縮まります。不思議なものです。

これは「類似性の法則」で、人は自分に似ている人に対して親近感が湧き、距離が縮まるということです。

また、友人と二人カウンターで飲んでいたときのことです。斜め向かいで飲んでいた女性と、何度か目は合ってはいたのですが、急に「お姉さんたちの会話に入れていただいてもいいですか？」と自分のグラスを持ち、私たちの間に入ってきました。私たちよりはるかに若い女性が、楽しそうに飲んでいる私たちと話したいと思ったようです。その後意気投合して、今でもおつき合いをする友人になりました。

出会いはご縁です。「一期一会」という言葉があるように「あなたとこうして出会った時間は、二度と巡っては来ないたった一度きりのもの。だから、この一瞬を大切に思い、今できる最高のおもてなしをする」という精神を大切にしていきたいですね。

おもてなしは、出会った人の心を豊かにします。自分だけの世界から新しい出会いのチャンスも与えてくれるのです。運動などしたことなかった人がマラソンランナーと出会ったことでマラソンに興味を持ったり、お料理好きの人と出会ったことで自分でも料理を作ってみようと思ったり、人と出会うことで新しいことにも出会えるのです。

最初から何でも無理とシャットアウトするのではなく、受け入れる心を持つことも大切です。おもてなしは、まず相手を受け入れることなのです。

気遣いと心遣い

気遣いと心遣いというのは似ている言葉ですが、実は違いがあります。

気遣いは、「相手に対して必要な振る舞いや言葉を発することで神経を遣うこと」です。

例えば「お世話になっております」と一言添えたり、何かを頼む場合にも「ご多用のところ申し訳ありません」といった言葉をつけ加えると気遣いの行き届いた印象を与えます。相手に対してさり気なく気を遣い発言したり振る舞うことを気遣いというのです。


心遣いは、気遣いとは少しニュアンスが違うもので「相手に対する気持ちや精神を思いやりの心で表すこと」です。何をするのにも様々なことを頭の中で考えて行動を起こすのです。この些細な心遣いが「思いやり」となります。そして、物事を円滑に進めます。

気遣いや心遣いができる人は、相手に「好感」を持たれます。そして何より「おもてなし」もできるのです。おもてなしはささやかでも、自分ができそうなことを、相手を思う心そのままに伝えることが大切です。

電車内でお年寄りが目の前に立っていたときに席を譲ろうとして席を立ったら、「お気遣いなく、大丈夫です」「そんなに年は取っていません」と言われてしまったという話のように、こちらは好意でしたことが、相手に不快な思いをさせてしまうこともあるかもしれません。

自分は思いやりだと思っていても、相手には大きなお世話になってしまうこともあります。そんなときは、目の前にいるお年寄りに対してあらゆることを想定し、傷つけないためにも言葉には出さずさっと席を立ちましょう。そして、軽く目で「どうぞ」の心の挨拶をするのです。このようなさり気ない気持ちが、思いやりとして相手に伝わります。「さりげない気遣い」は心温まるものです。それは、相手を思いやり見返りを求めない優しさだからです。

お料理教室をしている先生のお宅で、先生と私のコラボレーション「エレガントレッスン」を開催していたとき、先生の手作りスィーツがいただけるティータイムも楽しみの一つでした。スィーツの味が美味しいのは言うまでもなく、季節に合わせたり、見た目も美しく素敵な工夫がいつもされていて、いただくのがもったいないほどでした。

先生のお宅は隅々まで綺麗に掃除が行き届き、トイレにも庭のお花がさり気なく生けられていて、人をお迎えする「おもてなし」の気持ちが伝わってきました。

また、お茶を入れてくださるときにも、私がくしゃみをしたことで「花粉症？　それならこのハーブティがいいわ」とブレンドして出してくださいました。いかにもおもてなしをしていますという振る舞いではなく、さりげない心遣いにドキュンと心を打ちぬかれてしまいました。

心遣いができる人は、相手を思いやる心があります。疲れた顔の同僚にそっとお茶を差し出したり、ちょっとしたプレゼントをしたりと、相手の心が温まるような行動ができるのです。

気遣いすぎずに楽しむこと

「情けは人の為ならず」ということわざがあり、「為ならず」だけを見て「情けをかけることはその人のためにならない」という意味に誤解されている方も多いですが、実は反対の意味で、「人に情けをかけるということはめぐりめぐって自分の為になる」ということです。ここで言う「情け」は、人に対しての優しさ、親切や思いやりです。
例えば「人に優しくすることにより自分も人に優しくされる」「人を助けることにより自分も誰かに助けられる」人への情けにより、その恩返しという意味でめぐりめぐって自分も人に情けをかけてもらえるのです。

ただ、いつもこのようなことを思い、気を遣ってばかりいると疲れてしまいます。私たちは知らないうちに気を遣っているはずなのです。人から受ける思いやりや気遣いに疲れを感じていたときに、ある友人の、人に気を遣わせない癒しの力にハッとしました。どこからこの不思議なパワーが生まれているのだろうと思っていたら、その友人を見ていて気がつきました。

それは誰よりも彼女自身が人一倍楽しんでいたのです。私とふたりのランチのときにも、様々なパーティーに参加したときも、いつもニコニコとして楽しそうにしていました。その楽しそうな姿を見て、周りのみんなにも楽しい効果が波及浸透し、さらに盛り上がるのです。その友人は意識などをしているわけではなく、ただ、笑顔で楽しんでいるだけでした。
自分が純粋に楽しむことこそが、相手に気を遣わせず、真の思いやりとなって、おもてなしにも繋がるのです。

相手の気持ちを考える

他人から、「綺麗ですね」「素敵ですね」と褒めてもらえると、お世辞とわかっていても嬉しいものです。でも、私たち日本人には「そんなことはないです」という、謙遜の文化があります。

謙遜は「いやいや、私などまだまだです」と自分を下げるイメージがありますが、本来は自分を下げて相手を立てる、つまり相手に敬意を表する行為のことです。

この謙遜は、「日本人は自分の考えを人前ではっきり言わないので、何を考えているのかわからない」と思う外国の方も多いそうです。確かに私たち日本人は、言葉に出すことと本当に考えていることが違うことがありますが、これは日本人の「言葉にはしなくてもわかるだろう」という習慣によるものですね。

私の父が母に「言わなくてもわかるだろう」と言って、母が「はいはい」と言って察していたのを思い出します。子ども心に「何で言わなくてもわかるのかな？」と思ったものです。

「一を聞いて十を知る」ということわざの通り、日本人は相手が発するわずかな言葉や表情、しぐさから察することができるわけです。「では、こうしよう」と察して、それを行動に移すことができるのです。常に相手の考えていることを読もうとします。そして相手が何を考えているのかを考えようとするのです。

おもてなしにもこの「相手の考えていることを察する気持ち」が必要です。何をどうしてほしいのか、相手の気持ちを考えることも、思いやりの気持ちがあるからこそできることです。

サプライズをしよう

「感動」は人の心を動かします。大切な人へのサプライズは一生の素敵な思い出にもなります。

「心地よい素敵なひとときが過ごせること」これこそが本当の意味でのおもてなしではないでしょうか。

友人の知り合いのカフェにランチに出かけた日のことです。私にとって初めてのお店でしたが、友人が私のお誕生日のサプライズでデザートの盛り合わせを頼んでおいてくれました。もちろん美味しいデザートが出てきたのは言うまでもありませんが、お店のオーナーから「お誕生日おめでとうございます」の言葉と共に小さな花束のプレゼントもいただきました。いつもおもてなしをする側が多い私ですが、初めてお目にかかった方から、この上ない嬉しいおもてなしを受けて感動しました。

「サプライズ」の本来の意味は「驚かせること。また、驚き」ですが、最近では「驚かせるための計画及び、その計画を実行すること」になっていると感じます。

プロポーズができない草食系男子には、結婚式場が協力してプロポーズ大作戦をしたり、お誕生日などにレストランへ伝えておくと、デザートプレートにチョコで「Happy Birthday」と書いてくれたり、お店側の協力も色々ありますね。

沢山のお金をかければ究極のサプライズができます。レストランや映画館を貸し切りにしたり、プライベートジェットやクルーズをしたりと…そんなこともできたら素敵です。憧れますが、どんなにお金をかけても、やはりそこに「こころ（気持ち）」がなければ相手には届かないと思います。

サプライズは驚かせる側の自己満足にもなりえますし、「こんなにもあなたを思い準備をしたのです」という恩着せがましい思いが伝わってしまっては台無しです。サプライズをしてもらったことが相手の負担になってもいけません。究極のおもてなしは、「さり気なくサプライズ」が行えることでしょう。

会社やお店に伺った際、「ようこそ安達和子さま」のウエルカムメッセージを目にしたときの、ほっと温かくなる気持ちや、暑い夏に涼やかなお花のしつらえや、冷たいおしぼり、汗がひく爽やかなドリンクが用意されていること、お客さまに四季折々ホッとくつろいでもらえる空間をつくることも大事です。

サプライズするときも細やかな気配りができること、まず相手の立場を考えることが素敵なおもてなしへの第一歩です。

気持ちよく褒めよう

褒めることは、人とのコミュニケーションを取る上で大切だとよく言われますが、そもそもなぜ、褒めることが重要なのでしょうか。それは「人間関係が良くなる」と漠然に捉えている方が多いと思います。

人は一緒にいて居心地のいい人のところに集まります。わざわざ人を不快にさせる人のところには行きませんね。「居心地のいい人」の周りに集まってくる、その居心地の良さを与えるのが「褒める」ことです。

自尊心を満たされて不快な人はいません。そしていつも褒めてくれる人が好きになり、その人が何かをしようとしたときには「この人を応援しよう」という気持ちになります。

しかし、この「褒める」という行為は、案外難しいものです。歯の浮くようなお世辞では逆効果なので、「いかにお世辞だと思われずに、褒めることができるか」が鍵です。

人をもてなす褒め方は、相手のポジティブなところを見つけることです。また、相手に興味を持つという意識が大切です。「素敵な髪型ですね」「素晴らしい時計をお持ちでいらっしゃいますね。」と、良いと感じた点をさりげなく伝えます。

褒め方として注意をすることは、男性と女性では褒め方が違う点です。

女性の場合は、素直な気持ちでその通り褒めると喜んでいただけます。もちろん例外はありますが、ぜひ直球勝負で褒めてみてください。「お綺麗ですね」でもいいのですが、もっと踏み込んで「お肌が美しいですね」「爪も綺麗ですね」といったように、具体的なところを褒めると女性はさらに嬉しい気持ちになります。

しかし、男性は少し違います。例えば、「素晴らしい時計をお持ちでいらっしゃいますね」と褒められるよりも「素晴らしい時計を持っている自分」。「素晴らしい時計を選んだ自分」を褒めてもらいたいのです。なので「素晴らしい時計で、こだわりを持ってらっしゃるのですね」というように褒めましょう。この「こだわり」という言葉に男性を喜ばせるポイントがあります。もちろんこれにも例外はありますが、相手に興味を持ってその人が持っている側面をとらえるようにすることが必要です。

大切なことは、褒めることで喜んでいただき、居心地が良くなり、楽しい時間を過ごしていただくことです。

Welcome

研修や講座をする中でも、褒めることの大切さの話をさせていただいています。「最近、褒められたことはありますか？」と伺うと、「最近、褒められたことなんてあるのかしら？」「褒めることを忘れていた」などの答えが返ってきます。褒めることも、褒められることも意外に恥ずかしいものです。

私の父は「言わなくてもわかるだろう」というタイプでしたので、父に褒められたことなどなかったように思います。こんなにがんばったのにどうして褒めてくれないのだろうと思い、反抗期のころは父が好きではありませんでした。

そんな父のフォローは母がしてくれていましたが、いつも美味しい食事を作ってくれる母に「美味しい」だけではなく、具体的に「味付けも見た目も良く美味しい」とある日伝えたら、「今度はもっと美味しいもの作るね」と返ってきました。このとき、思いは言葉にするからこそ伝わるのだと知りました。

赤ちゃんは笑っただけで「かわいい」と褒めてもらえます。育つ中でも幾度も褒めてもらえますが、大人になるにつれて褒められる機会は少なくなってしまいます。

ぜひあなたも、褒めてみてください。褒めた相手の表情を見て自分の表情も見てみましょう。

褒めたことがない人はその嬉しさに気づきませんが、実際に褒めてみると、褒められた相手が照れながらも嬉しい表情になってくれるので、褒めた自分も笑顔になっていることに気づくでしょう。

余裕を持った振る舞いと、しぐさで気持ちを伝える

「品格」とは生活の中で備わることができる「見える部分の品」で、「品性」は生まれながらに持っている性質のことで「上品」「下品」とするものと辞書にあります。

人の行動のどこに品性が表われるのかと思い、品のある方を観察してみました。見ていてわかった違いは「余裕」です。余裕を持った人の振る舞いは、その人の心の中が見えるように素敵な瞬間でした。優しく目を見てほほ笑む顔、そっと出した手にも触れていいのだろうかと思うほど美しい振る舞いなのです。話し方もゆっくりと上品で、すべて心に余裕があるからできることだと感じました。

品のない人は、心に余裕が持てないので何をしても雑になり、時間にもぎりぎりセーフだったり、身だしなみもだらしなく、すべてにおいて品がないのです。

余裕は品格を出すために欠かせないポイントです。普段の生活の中で余裕を持った振る舞いをしていれば、自ずと品格が出てくるでしょう。

そして、ここでもう一つ伝えたい心があります。

「心」とは人の身体の中に宿り、意思や感情などの精神活動の元になるものです。その「心」は言葉だけではなく、身振り手振りの「しぐさ」となり、外面へと現れます。

昔から日本人は、他人への心配りを大切にしてきました。人と人のコミュニケーションが言葉だけでないことも知っています。例えば外国の方に道を尋ねられたとき、言葉が通じなくても、身振り手振りで一生懸命伝えようとします。

しぐさが伴わない「ありがとう」と、頭を下げながら言われた「ありがとう」では、受ける印象が違います。しぐさをつけることで、言葉や感情はより相手に伝わります。一方で、心の中に感謝の気持ちがあったとしても、言葉と裏腹のしぐさをしてしまえば相手を混乱させたり、いいかげんな人だと思われてしまいます。だからこそ、しぐさの持つ重要性を知っていただきたいと思います。しぐさは気持ちを伝える最高の手段です。

「人を大切に思う心」「人を気遣う心」は、相手に対しての「敬意の心」です。敬意を持って人に接することも大切なおもてなしなのです。

鏡の法則

「親しき仲にも礼儀あり」という言葉がありますが、礼儀正しく振る舞うことで好感度は変わってきます。礼儀正しい人は周囲から大切にされます。これは「鏡の法則」です。

仲のいい友達とは気持ちが緩むため、言葉遣いや振る舞いが横柄になることがあります。こちらが横柄になると、自然と相手も横柄な口の利き方や態度になります。逆にこちらが丁寧に接すれば、自然と相手も丁寧になります。いつも礼儀正しい人は、他人からも礼儀正しく接してもらえます。人はすべて「自分の鏡」です。自分の人生の出来事や出会う人達は、自分を映し出している鏡とも言われるほどです。

こちらが意識的に思いやりを持って接することで、その思いやりの心は必ず相手に届きます。

常日頃から、他の人にも礼儀を守ってもらいたいと感じるのなら、自分自身が普段から他の人に礼儀正しく振る舞うようにすれば良いのです。

相手にこうして欲しいとか、相手にこう変わってほしいと思っても、変わらないことは多いですね。その様な気持ちが続くと、「どうして私の気持ちわかってくれないの？」と感じるようになり、いつか爆発してしまいます。変わってほしいと思っても、相手には相手の「気持ち」や「考え」があるので変えるのは大変です。

そのようなときにこの「鏡の法則」を使ってみましょう。相手を動かすのは大変だけど、自分自身が変わるのは自分でできるのですから簡単です。自分が変わると、相手や周りもいつのまにか変わっていきます。

相手に何かを望むのではなく、自分がしたいことや望むことを自分でするという簡単な方法です。相手が何もしてくれなくても、自分で何とかしようと思っているので腹も立ちません。相手に期待をしないので、相手が何かしてくれたときには嬉しくなり、素直に感謝できるのです。

では、どうやって自分が変わればいいのでしょうか。それは、ちょっとしたしぐさを変えてみてください。しぐさを使ったコミュニケーションで、「自分の思いを伝えること」と「相手の意見を引き出すこと」を試してみてください。相手に思いを伝えるときに、手を自然と差し出すしぐさを行います。さらに、胸から出すことによってより強い思いが伝わります。人とのコミュニケーションは難しいと言われますが、とっても簡単な方法が、しぐさコミュニケーションにあるのです。

しぐさを取り入れるだけで、自然と声のトーンや表情が柔らかくなります。しぐさは簡単な動きなので、最初に取り入れればその後は話の内容に集中することができます。そして、説得力のある話し方が自然とできるようになってくるのです。

礼儀正しい振る舞いは、信頼を得るためにも大切です。まずほんの少し自分を変えてみてください。相手も必ず変わります。

わくわく・どきどきしよう

私たち人間の心は、その時々や場面により、笑い、怒り、涙し、楽しむ、と、たくさんの感情を持っています。喜びも苦しみも感じ方ひとつで、人生が楽しいものにも、つまらないものにもなってしまいます。

「幸せな人生」を歩むことができる人は、決して選ばれた人というわけではありません。私たちは誰でも「幸せ」な人生を過ごす権利があるのです。人は誰でも、自分自身の心の持ち方で幸せになれるのです。自分自身の心が幸せや喜びを感じられるかが重要です。誰かに喜んでもらうためには、まず自分自身の「心」が感じなければ相手に響きません。

「わくわく」「どきどき」していますか？

人生は「わくわく」「どきどき」の気持ちがあれば一段と楽しいものです。私は仕事でもプライベートでも、「和子さんが一番楽しんでいるね」と言われることが多いです。「超」がつくほど前向きで、「何でも楽しめる」特技の持ち主です。いい年齢になりましたので残りの人生を明るく元気に生きたいですものね。

おもてなしをするときには、もてなす側も、「こんなことしちゃう私っていいわ」と思うことがポイントです。

例えば、恋をしてお付き合いが始まったばかりのころ、毎日好きな相手を思い、どうしたら相手に喜んでもらえるのかを考えますね？　その相手を思う気持ちで満たされると他の人にも優しくしたいと思うようになるでしょう。彼ができて幸せだと感じると、自分だけの幸せではなく、彼のいない友人にも誰か紹介したい気持ちになると思います。

おもてなしでも同じように、相手の喜ぶ顔を想像しながらもてなしを準備しましょう。喜んでもらえないかもしれないと少し考えることも必要ですが、あくまでも自分の気持ちが満足するための「おもてなし」ですから、たとえ相手に喜んでもらえなくても自分の気持ちが喜んでいれば、「こんなにあなたを思いおもてなしをしたのに」というような気持ちにはなりません。相手がいてこそのおもてなしですが、もてなす側の自分の気持ちが大切なのです。

主体となる強さを持ち、自分が主役の人生ドラマを描く

愛をもって生きるということには勇気も必要です。強さもないとできません。自己愛のある

人は自分のことをよくわかっています。人の心の痛みも感じることのできる人です。

私たちは、悲しく辛い思いを経験することもあります。その経験を糧にできたとき、他人の痛みがわかるようになります。そして自分にも優しくできるようになり、人にも優しく思いやりの気持ちが持てるのです。私たちひとりひとりが自分の心の中にある「愛」を認識することで、他人のことも尊重できるようになります。そして自分自身を大切にすることで強くなれます。

どこでも「生きられる強さ」には、相当強い覚悟と意志と、常に自分を向上させようとする心構えがあります。私たちは大なり小なり「他人の目」を気にして生きていますが、「自分が他人からどう見られているか」という人の評価や、世間体を気にしすぎるあまりに自分を犠牲にしてしまうこともあるのです。

自分らしく生きていくためには、自分の内面を素直に出せることが大事です。「人がどう思うか」ではなく、「自分がどうしたいか」という「心の強さ」を持ち、自分が主体になって生きてほしいと思います。自分が元気じゃないとおもてなしは考えることはできません。

自分の人生の主役は「自分自身」です。

これからどう生きていきたいのか、どのようになりたいのか、それらをすべて自分の意志で自由に決めることができる人生ほど、面白いドラマはないのです。

失敗してもやり直せる。過去から未来へと、現実として繫がっている自分が主役の人生を思いきり楽しんでみる。なりたい自分を描いてみることで、人生をより楽しむことができます。

例えば、友人が家に遊びに来るとき、その友人をイメージして短編ドラマのシナリオを描いてみましょう。友人が好きな食べ物や飲み物を用意して、花はピンクのバラが好きだからリビングに飾ろう。会話は、最近友人が始めた習字のことを聞いてみよう。など様々なことを想像して頭の中に描いてみるのです。

そうすることで、より素敵なおもてなしのドラマが生まれ、友人も最高のおもてなしを受けたことで自分が主役になり、そのおもてなしを忘れません。それどころか、友人自身も自分が主役の人生を歩みたいと思うようになるのです。

おもてなしによって人と人との関わりが生まれ、人生を幸せに生きることができます。

花のある生活で心の余裕を

花を一輪活けることで心には余裕が生まれます。

リビングのテーブルの上に置くのも素敵ですが、トイレや洗面所、キッチンなどの空間に一輪の花や庭に咲く花や葉を置くだけで、その空間が生き生きしたものに変わるのです。

風水でも花は良い運気をもたらすものとされています。部屋に飾った花に声をかけると長持ちすると言われることからも、花が生きていて部屋の空気までも変える力を持っているのです。また、花の一番美しい部分を探して活けることも大切です。

花に向き合っていると知らず知らずのうちに、花以外の物事に対してもじっくりと見極めて良い部分を見つける能力が養われるようです。花を眺めることで美的センスも向上し、「ものを見る目」が育っていくのです。

しかし、毎日の生活に追われていたら花を活ける余裕がないかもしれません。花と向き合えることは、心にゆとりがあるからこそできることです。そして、その心のゆとりは振る舞いにも表れます。

ゆとりある振る舞いは、相手を安心させ、心地良さとなります。日常の中に花のある暮らしを取り入れて、心に彩りをもたらしていきましょう。

そのひと手間、そしてふた手間が心に響く

おもてなしの講師をしていると、「大変ですね」と言われることがあります。人のためにご飯を作るのも掃除をすることも面倒で、相手に気を遣うことも使われることも大変だと…こんな意見を聞くと悲しくなります。日本人は他の民族以上に相手に対する「思いやり」や「おもてなし」の心を持っているはずなのです。

確かに自分自身が楽しめないと良いおもてなしはできませんし、一生懸命に奉仕するというものではありません。日本の美徳に「侘び寂び」がありますが、この侘びとは「不足している」ものから感じられる美しさ」で、寂びとは「古びたものから感じられる美しさ」と不足の中に

も心の充足を見い出そうという意味があります。足りないながらも精一杯のおもてなしで相手に喜んでもらい自分も喜びを味わうのです。

おもてなしの意味を理解し、裏表のない心の込もったおもてなしできたら、「ここを訪れて良かった」「出会えて良かったと」と思ってもらえるでしょう。おもてなしは、決して大変なものでも特別なものではありません。わくわくするもので、豊かに喜びを膨らませることのできるものなのです。

最近は、効率を考えることを重要視する人が多くなりました。もちろんそれは悪いことではありません。仕事の資料をパソコンで作り、手書きの資料や報告書を作る手間が減ったという人も多いのではないでしょうか。しかし、あえて手書きの手紙を大切なシーンに贈ることにこだわる人もいるようです。

多用に生きる今の時代だからこそ、手間暇かかった手紙をいただくと嬉しいものです。感謝の気持ちを伝えることが目的であればEメールでも構わないわけで、お金もかからず一斉に配信ができるので合理的ですが、時間をかけて手書きで書くことに意味があるように思います。

そしてその手紙を手にした人は、「私のために時間をかけて、このような手紙をくれた」と感動するのです。手書きの手紙はメールのように簡単に送れるものではないため、その送り手の想いは受け取り手にも特別な感情を与えます。

実際に私も手書きの手紙を送り、それがきっかけで交流をするようになって仕事でもプライベートでもいい関係になった方がいます。もしメールであれば、こんな素敵な関係は生まれなかったでしょう。おもてなしで大切なのは、効率を求めすぎてはいけないということです。


なんとなく「おもてなし」がわかっていていても、いざおもてなしをしようとしても意外とできないものです。では、おもてなしの目的とは何でしょうか?

それは、「感動的な経験をしてもらうこと」です。感動的な経験の中身は、おもてなしを行う人や場所、業種により同じではありません。どの人にも同じではなく「どうしたらその方に喜んでいただけるか」「満足感を感じていただけるか」を、常に考え行う最上級の心遣いだと考えています。

「どのようなおもてなしをするか」には、おもてなしを提供する側のアイデア力も必要です。それを一生懸命考えるところから、おもてなしは始まっています。


例えば、いつも作っている料理にひと手間加えることで別の料理になったり、いつも食べている料理にひと手間工夫するだけで、違った美味しさを味わうことができるのです。いつもと違う分手間に感じるかもしれませんが、このひと手間ふた手間が大切なのです。

母に教えてもらった昔の知恵ですが、お刺身や魚を捌くときは鮮度が重要なので温かい手で魚を触らないこと。温かい手で触れれば味や鮮度が落ちてしまうので、魚を触る前に手を水でしっかり冷やしておく。このひと手間が魚を美味しくします。そして、盛り付けはいつも使用しているお皿にただ魚を乗せるだけではなく、形の違うものや見た目にも綺麗な葉物を乗せて、目でも楽しむというもうひと手間をかけることも必要なのです。そのひと手間が心に響くのです。

私は、ひと手間は当たり前であり、ふた手間かけることで相手にも自分にもご褒美になると考えて、手間ひまをかけています。そうすることで相手の喜ぶ顔を見ることができるのです。その喜ぶ顔と出会えるだけで、自分自身も嬉しい気持ちになります。

「おもてなしの心」はどうしたら育まれるのか。あらためてそれは「相手を思う心」であり、おもてなしをしたいと思ったら「行動を起こす」ことが大切です。おもてなし力は「行動力」があるのかどうかがポイントなのです。

そして、おもてなし力にどこで差が出るのかは、「ふた手間」かけるかどうかです。各業界で「ひと手間」を大切にしている会社は多くありますが、もうひと手間かけることでさらにレベルアップします。

例えば、接客でお見送りの際に「ありがとうございます」だけではなく、「ありがとうございます。お目にかかれて嬉しく思います。また再会できますように『握手』をしてください。」と手を出すような手間のことです。ひと手間は、頭を下げてのお見送りです。もちろんそれだけでもいいのですが、もうひと手間の握手ができたことでさらに印象が深くなり、このようなおもてなしを受けたことを嬉しく思い、また会いたいと思うようになるのです。

おもてなしも、ふた手間も決して難しいことではありません。それは相手を思う心なのですから。

和子流の様々なおもてなしの話をしてきました。世間にはもっと多くのおもてなしがあり、自分らしいおもてなしを見つけることも素敵な彩りになると思います。

おもてなし十ヵ条

第一条　礼儀正しく振る舞う（人や物事に対する振る舞い方　態度）

「親しき仲にも礼儀あり」という言葉がありますが、礼儀正しく振る舞うことで好感度はアップします。礼儀正しく振る舞っている人は、周囲の人からも礼儀正しく大切に接していただけます。

礼儀は人間関係を築く上の基礎ですから、基礎ができていない上におもてなしを重ねても崩れてしまいます。

おもてなしの心には、「思いやりの心」「喜ばせたい・満足させたいという心」があります。どのような振る舞いをしたらいいのかを考え、行動を起こすことが大切です。まず自分自身が常日頃から礼儀正しく、自然に振る舞うようにしていきましょう。

第二条　無垢な心で接する（相手の気持ち、状況を考える）

無垢【むく】とは（辞書）

1　混じり気がないさま。けがれがなく純真なさま。

2　無地で一色の衣装。「白無垢」とも言います。

「無垢」とは、「純粋な気持ちで、相手の気持ちや状況を考える」ことですが、無垢を色に例えると「白」です。古来、日本ではこの「白」を神聖な色として祭服の色に用いていました。

代表的な花嫁衣裳の「白無垢」、また武士が切腹するときの死装束も白です。

大人社会がわかる前の子どもたちの心は、「純真無垢」で真っ白です。子どもたちは、相手の気持ちや状況を考えながら行動をしているわけではなく、ただ純粋に自分の気持ちに正直に行動しているのです。

しかし、私たちは子どものままでいられるわけではないので、純粋に相手に何をしてあげたいかと状況を考えて行動することが必要なのです。

また、大人の事情も出てくるとつい、「色眼鏡」で見てしまうこともあります。偏った物の見方や、先入観にとらわれた見方をしないように気をつけないといけないのです。

第三条　準備や段取りは入念に（目配り、気配り、心配り）

接客の重大要素に「目配り」「気配り」「心配り」が挙げられます。

「目配り」というのはその字の通り、自分のことだけでなく周囲にも注意を払い、目を向けることです。そうすることでお客様の些細なしぐさにも気がつき、何が必要なのかを察することができます。そして目配りができたことで、初めてその後の「気配り」「心配り」ができるのです。

「気配り」と「心配り」は一見、どちらも同じような印象を受けますが違いがあります、「気配り」の気を配るとは、文字通り相手に気を使い心配することですが、接客での「気配り」はお客様により注意を払い、困り事がないかを心配し、振る舞いや言葉かけをします。そして「心配り」の心を配るとは、お客様が一番居心地の良いように、思いやりの心を持つことです。

接客サービスはお客様を良く見て何をして欲しいのか、自分に何ができるのかを心で考えて行動することです。

人の心を考えて自分の心を動かすことが重要なのです。おもてなしをようと思ったときから行動は始まっています。準備も段取りも念入りに考えることができるのです。

第四条　ものの表現は本質を知り簡潔に（効率）

織田信長、豊臣秀吉に仕えた茶人の千利休の「利休の七カ条」の中に、本質を見極めるという教えがあります。

その一つに、「炭は湯の沸くように」とあります。これは、「炭に火をつけさえすれば必ずお湯が沸くとは限らない」ということで、お湯が沸くように火をおこすのには上手な炭のつぎ方があるという意味です。

しかし、そのつぎ方を形式だけでわかっていても火はつきません。どのようにしたらより早くお湯が沸き、冷めずに置いておけるかという本質をよく見極めることが大切なのです。

早くお湯を沸かさなければいけない。そのためにはどのように炭を重ねなければいけないかをよく考え、沸いたら冷めずに維持する。誰のために何をするかを考えること、そしてその本質を見極めることと、より効率のいい方法をも考えなければいけないのです。

第五条　備えは万人の思いを想定（自分の気持ち）

「備えあれば憂いなし」とは、いざというときのために普段から準備を万全にしておけば、万一の事態が起きても心配はいらないという意味です。

心を乱すことなく安心して平穏に生きていくためにも、常に最悪の状態のことを考えて準備をしておくことが大事である、ということです。私たちは想定外の出来事が起きたとき、いかに心を乱さずにいるか、万一のことがあっても平常心でいられるかが大事なのですが、そのように振る舞える精神を普段から身につけることも必要なのです。身につける手段として必要なことは、「自分自身の躾」です。

躾とは、「身」に「美」と書いて「躾」と読むのですから、読んで字のごとく自分の身が美しいということになるのですが、見た目ばかりだけではなく、内面の美しさも外面に出てくるということです。

「しつけ」という言葉は、もともと「着物を仕付ける」ということに結びついて成り立ってきた言葉です。着物の「仕付け」とは、着物の形が整うよう、仮に縫いつけておくことを言いますが、そこで大切なことは、着物がやがて縫いあがると、仕付けの糸ははずされるのです。着物が完成することで、もはや仕付け糸はそこにあってはいけないものになるのです。仕付け糸をはずすことは、自分自身が一人前として自立ができることを表しているのです。

第六条　言葉には言霊が宿る（心を動かす言葉　シンプルに伝える）

言霊とは日本で「言葉に宿ると信じられている霊的な力」のことですが、声に出した言葉が、何らかの影響を与えると信じられていて、良いことを言うと良いことが起こり、悪いことを言うと悪いことが起きる、と言われています。言葉は大切にして口から発しないといけません。ただし、どんなにいい言葉を並べても、そこに「心」がなかったら、相手には絶対に届きません。人に言われた言葉で心が動くのは、その人の本質が見えたときと共感ができたときです。無理していい言葉を使おうと思うのではなく、相手の状況を考えて自分だったらどう言われたいのかを考えるのです。あくまでもシンプルに伝えるのです。そして、何かを実現させたいならば、必ず言葉を「口」に出すことで叶うのです。

第七条　ささやかな心がけ（小さな幸せを生み出す）

日常の中でほんの少しの心がけを大切にして、小さな幸せを生み出すことは素晴らしいことです。

例えば、朝入れたコーヒーのいい香りにホッとしたり、干したお布団がお日様の香りいっぱいでふわふわして気持ちいいと感じることだったり、笑顔で挨拶されたり、何気ない日常の生活に小さな幸せがいっぱい詰まっているのです。

日々のささやかな心がけは、小さな幸せを生み、その小さな幸せの積み重ねが、やがて大きな幸せとなるのです。平穏無事な当たり前の日常がつまらないと感じるのではなく、実は当たり前に暮らせることが、かけがえのないものなのです。毎日、今日という一日を無事に過ごせたことに感謝をする、ささやかな心がけが大切なのです。

第八条　感動する心を持つ（感謝の気持ちは、心を穏やかにし、余裕が生まれる）

感動する心を持つと、いつもフレッシュでいられ、何事にも好奇心を忘れずに様々なことに関心を持つことができます。その感動が心を穏やかにしてくれて心に余裕をもたせてくれるのです。

何気ない生活をしているようですが、私たちの人生にはいたるところに感動があるのです。例えば、美しい花や海山、空に輝く星や月、風景や絵にも、素敵な音色の音楽、心のこもった手料理や一緒に食卓を囲む人ｅｔｃ．

このようなものすべてに、関心を向けると、「美しい」「素晴らしい」「美味しい」と素直に感動することができるのです。

自分自身が感動すると、誰かにも同じ体験をしてほしいと思うのです。感動は素晴らしいことです。感動する心を持つことは自分の心も喜ぶのです。

第九条　楽しい時を過ごす（与えられた時間は皆同じ、自分の時間を上手に使う）

神様は、私たちすべての人間に対して、平等に与えてくれているものがあります。

それは「時間」です。時間だけは、生まれも育ちもまったく関係なく平等に1日24時間として与えられています。多用に生きていると、1日が26時間くらいあったらいいのにと思うこともあるでしょう。でも、1日は誰にとっても24時間です。その与えられた時間を上手に使うためには、何が必要で大切なのか、何が将来に役立つのかを知っておく必要があります。それができないと、自分の時間を使おうと思っても上手く使えないのです。

難しく考えることはなく、まずは自分が何をしたいのかを考え、心が喜ぶことをしてみましょう。同じ時を過ごすなら楽しめるように心がけましょう。与えられた時を、「楽しい」と思える人の人生は幸せです。

第十条　もてなしは、相手を思う心（最上級の心遣い）

私たちは、誰かに喜んでもらえると幸福を感じます。人は一人では生きていけないのです。もし、この世の中で自分一人だけになってしまったらどうしますか？　寂しいというより、どうやって生きて行っていいのかわからなくなると思います。私たちは必ず誰かに関わって生きているのです。

例えば、友達も「今日から親友になって」と言ってなれるものではありませんが、会話を交わし、心が通じ合うと、いつの間にか大切な友人になり、何でも話せる親友になっています。心おきなく過ごす時間は何者にも代えがたく、友人がいてくれて良かったと思うものです。

もちろんいい時ばかりではありませんが、喧嘩をしたり嫌な思いをしたときにも、少し時間をおくと自分の気持ちに気がついて、「配慮が足りなかった」「間違っていたかも」と素直になるのです。それは「相手を思う心」です。お客様だから心を配るのではなく、友人も家族にも誰にでも同じように接することが、最上級の心遣いなのです。

参考「常陸風土記」奈良時代の常陸国の地誌。和銅6年（713）の詔により撰進された風土記。養老年間（717～724）に撰進

むすびに

最後までお読みくださいまして感謝申し上げます。

私のお三味線の師匠はとってもチャーミングな方でした。お稽古中はとても厳しかったのですが、お稽古が終わると優しく楽しい方でした。70歳を超えた師匠をチャーミングと表現するのは失礼かもしれませんが、師匠を知っている方ならみなさんうなずくと思います。

師匠はとにかく明るく前向きで、80歳でお亡くなりになる二年前にも「フラダンスを習おうかと思って体験に行ってきたのよ」と新しいものにも興味を持ち、お弟子さんが沢山いるにも関わらず、大好きなお三味線の先生のところに通うという行動力と向上心がおありでした。「人生は無駄がないの。学ぶことを辞めたらおしまいよ」と教えられました。そして、人に可愛がられることも大切なことだと、母と同じことをいつもお話してくださいました。

また、さりげないしぐさにも美しい心遣いがありました。

みかんをむくとき、ティッシュにくるんでむくとみかんの汁が飛ばず、食べ終わっても綺麗に片づけられる。食事の際は遠慮せず美味しく食べるのが勧めた人への気遣いであるなど、様々なことを杓子定規なマナーではなく、生活に即した嗜みや配慮も数多く教えていただきました。
師匠のお人柄の良さは誰からも愛されました。きっと泉下でも三味線を弾きながら、笑顔で人を楽しませていらっしゃることでしょう。笑い声の絶えない師匠のお宅にお邪魔することで、私は三味線とともに、大切な「おもてなしの心」を学ばせて戴きました。心より感謝申し上げます。そして師匠から学んだ心を世に広めていきたいと思っています。

昔、父に「夢は大きいほどいいのだから、大きな夢をみなさい」と言われました。父が子どものころは、戦争があったので夢など見ても叶うことなどないと思っていたそうです。そんな父の教育は厳しく、友人のお父さんのように優しかったらいいのにと、子ども心に何度も思いましたが、社会に出て結婚をして自分が親になったときに、良い父に育てられたことに気がつき、感謝の心が生まれました。そして今の仕事をはじめたとき、「夢や目標は高く設定した方がいい」と、思春期のころに言われたことを思い出しました。厳しい躾で育ててもらったお蔭で、礼儀作法やおもてなしができるようになったのです。

最近の日本は人間関係が希薄になっていますが、本来は人との関わりを大切にしないと社会生活は成り立っていきません。私たちは、必ず誰かと関わって生きています。その人間関係を良くするのには「相手を思う心」が大事です。相手を思う心から誰かのために何かをしたいと思い、その気持ちは「おもてなしをしたい心」となり相手に伝わります。おもてなしに必要な「相手を思う心」は、人の身体の中に宿り、意思や感情などの精神活動の元になります。その心がその人の振る舞いとなり、外面に出ておもてなしとなるのです。

人生の中で最高の一日も、思い通りにいかない日もあることでしょう。日々の心がけは必ず自分に返ってきます。だからこそ常日頃の振る舞いが大切になるのです。喜びも苦しみも感じ方一つで、人生は楽しいものにも、つまらないものにもなるのです。人生を「楽しむ」「幸せに生きる」ためには必要なことは自分自身の心のあり方です。いつも明るく笑顔でいることでたくさんの人が集まってきます。そして何か困ったときは温かな助けの手が差し伸べられるのです。私たちは、心が満たされていると幸せを感じ元気になります。また、生きがいが生まれ、大きな夢を思い描いて積極的に人生を歩めるようになります。

私は夢や目標を高く持ち、日本のおもてなしを世界に伝えたいと考えています。その夢を叶えるためにこれからも精進してまいります。

この拙書が皆様の日々の生活を有意義で充実したものとし、より幸せな人生を歩む手助けとなることを心より願っております。

末筆になりましたが、この本を出版するにあたりご指導をしてくださいました編集者の城村典子さん、みらいパブリッシングの代表の松崎義行さんはじめスタッフの方々、関わっていただいた関係者の皆様、出版を応援してくださいました皆様に感謝いたします。この場をお借りして有難く御礼申し上げます。

安達和子

安達和子

誇り高き日本人の心を育む
一般社団法人 大和撫子和乃会 代表理事

おもてなし・マナー専門家／水戸大使／しぐさ研究家／風呂敷ソムリエ／いばらき出会いサポートセンターアドバイザー／ビジョンリンクパートナー講師／婚活応援団「出会い塾」塾長

茨城放送のレポーター、各種イベント等の司会、ＦＭぱるるんではパーソナリティーを13年間務めた。現在、おもてなし・マナー講師として、学校、企業などで研修、講演活動を行い、水戸の梅大使をはじめ各地の観光大使、親善大使のおもてなし接遇を担当。自らも水戸大使として水戸のPR活動をしている。

日本人が持つ思いやりの心を伝えるため2011年「大和撫子和乃会」を発足、「誇り高き日本人の心」を育む活動に力を入れる。また、コミュニケーションには「しぐさ」が重要と、しぐさの研究家として活動。

2016年、一般社団法人大和撫子和乃会を創設。国内企業だけではなく「日本のおもてなし」を学びたい海外からの依頼多数 。「和の文化とおもてなしを伝える」宴席は大好評で開催待ち。

外出時の大半は着物を愛用し、忘れてはならない日本人の心を守っている。

著書に「シゴトも恋も成功するカギはしぐさにある！」（みらいパブリッシング刊）、冊子「日本の心を育むおもてなし」「おもてなしのエッセンス」がある。

世界中に愛される日本のおもてなし
～彩りある人生にする秘訣～

2018年4月4日　初版第1刷

著者　安達和子

発行人　松﨑義行
発行　みらいパブリッシング
東京都杉並区高円寺南4-26-5 YSビル3F 〒166-0003
TEL03-5913-8611　FAX03-5913-8011
http://miraipub.jp　E-mail : info@miraipub.jp
発売　星雲社
東京都文京区水道 1-3-30 〒112-0005
TEL03-3868-3275　FAX03-3868-6588
表紙絵・挿画　ハシモトジュンコ
編集　川口光代
編集協力　大庭もり枝
企画協力　Jディスカヴァー
装幀　堀川さゆり
印刷・製本　株式会社上野印刷所
落丁・乱丁本は弊社宛にお送りください。送料弊社負担でお取り替えいたします。

ISBN978-4-434-24435-3 C0030

安達和子の本

シゴトも恋も成功するカギはしぐさにある!

安達和子

四六判 196ページ 本体1300円+税
ISBN978-4-434-19994-3 C0030
発行:みらいパブリッシング